Solo Camp

はじめよう！ ソロキャンプ

森 風美 Mori Fuumi

目次

Part 2 ソロキャンプに出かけよう

Part 4 クルマでソロキャンプ

コラム

はじめに

私が本格的にキャンプにハマったのは
大学2年生のとき。
この本にも出てくるキノコ柄のテントを雑誌で見つけて、
「キャンプってこんなに可愛い道具があるの!?」
と一目惚れ。
少ないバイト代をキャンプ道具に変え、
家族や友達と頻繁にキャンプに行くようになりました。
ある休日、誰とも予定が合わなかったけど
どうしても出かけたかった私は、
ソロキャンプに行くことを決断。
ひとりで寝泊まりすることは、どこか心細くて不安もあったけど、
それ以上に、初めておつかいに行く子どものように
わくわくしていました。

おしゃれにキャンプ道具をレイアウトして、
一人分のご飯を
おままごとのように作り、
静かな夜に焚き火を眺めてまったりと過ごす。

やらなければいけないことはなにもなく、
誰にもじゃまされずに
やりたいことだけをできるのが
マイペースな私の性格に合っていたのか、
それからは暇さえあれば
ひとりでキャンプに出かけるようになりました。

好きなときに、好きなように楽しめる、
どこまでも自由なソロキャンプ。
日常から抜け出して、
時間を思いっきり無駄遣いしてみませんか？

なにもない空間で ひとりの自由な時間を過ごす

ソロキャンプのいちばんの魅力は、ひとりの自由な時間ができること。自然のなかは真っ白な画用紙のようで、やりたいことを見つけて描きながら、ソロキャンプという時間と空間を完成させていきます。

主人公は自分。テントを飾りつけたり、料理を作ったり、焚き火をしたり……。誰かに気を使うことなく、好きなタイミングでやりたいことに集中して取り組める自由は、普段の生活では味わえない贅沢な時間です。

秘密基地を作るように、お気に入りの道具でくつろげるサイトつくりを

ワイルドに魚を焼いて自然を味わう

キャリーバッグで気軽にキャンプへ

魚釣りはキャンプにぴったりの遊び

焚き火の準備もじっくりと

ピクニックセットで優雅に過ごす

愛犬と、まったり過ごす時間も格別

船を下りてその土地の空気感に触れる

島から島へ小型船で移動することも

キャンプ道具をバッグに詰めて まだ行ったことのない場所へ

長い休みが取れたら、キャンプ道具をキャリーバッグに詰め込んで、まだ行ったことのない場所へ旅に出ます。テントは移動式の別荘で、旅のスケジュールは自分次第。お気に入りのキャンプ場を見つけたらテントを立てて、そこを拠点に過ごします。単なる観光では行かない場所を見て歩くと、思わぬ発見に出会うことも。その土地の空気にずっと触れていられるキャンプだからこそ、あとから思い返す風景もより深く感じられます。

海辺にテントを立てて
絶景をひとり占め

海の中に入ればさらに世界が広がる

のんびり魚を釣って食べる楽しみも

DIYで手を加えればクルマもひとつのキャンプ道具に

大きな荷物が積めて、機動的な移動手段であるクルマ。自分が持っているキャンプ道具の雰囲気に合わせて車中泊仕様にカスタムすれば、キャンプ道具のひとつとして愛着が湧いてきます。

雨の日にはテントの代わりにクルマで寝たり、後ろのドアを開けて荷台をテーブルとして使ったり。クルマを上手に使うことでキャンプの幅が広がって、もっと自由で気軽なキャンプを楽しめるようになりました。

愛犬と一緒に旅をするときも、クルマで行けばどこでも泊まれる

自然のなかで、リラックスしたワークタイム

運転に疲れたらすぐに仮眠ができる車内

失敗を重ねて成長することで自分のソロキャンプスタイルが見つかる

暗い森のなか、ひとりで焚き火をしていると、幼いころを思い出します。キャンプで焚き火をするのが何よりも好きで、完全に焚き火に憑かれていた私。ひとりで石を置いてカマドを作り、森のなかから落ち葉や小枝を拾ってきて、どうにか火をつけようと試行錯誤。目を離せばすぐ消えてしまうような火を少しずつ育てて、豪華な焚き火にするのが楽しくて仕方ありませんでした。

必死に拾ってきた落ち葉や小枝は水分が多くて火がつきにくかったんだろうなぁとか、燃焼効率が悪くて突然消えてしまったんだろうなぁとか、今となってはいろいろと思うところはありますが、当時の試行錯誤こそ、まさにソロキャンプの楽しさに通ずるものだと考えています。

森のなかで、ただ焚き火を眺める贅沢な時間

焚き火に限らず、今日はご飯をおいしく炊くために火加減を変えてみようとか、次はもっと快適に過ごすためにクッションを持っていってみようとか。何度もキャンプをするうちに自分だけのスタイルが見えてきます。少しずつ経験を重ねて、キャンプが仕事になった今でも、ソロキャンプをもっと楽しくするための試行錯誤は続いています。

Column 1

写真や動画を上手に撮るコツは?

どこを切り取っても絵になるキャンプ。ソロなら時間をかけたこだわりの一枚も撮りやすいです。キャンプを満喫しすぎて写真を忘れることも多いので、私は設営直後のサイトがきれいなうちにパパッと撮影していますが、本当は夕方、半逆光で撮影したほうが、やわらかく素敵な写真が撮れます。料理も出来たてをすぐに食べたいので、調理しながら試し撮りして自然光がきれいに入る位置を探り、一瞬で撮れるようにしています。

上／小さな三脚を持っていけば、お気に入りのテントと一緒に写真が撮れる！ 右／リモートシャッターのついているものなら、焦ることなく自然なポーズでの撮影も可能

Part 1

ソロキャンプの道具を揃えよう

旅行に行くように気軽に始められるキャリースタイル

道具を買う前に

　ソロキャンプに行こう!!　そう思ってお店に行くと、道具がズラーッと並んでいて、何を買ったらいいのか悩んでしまいますよね。まずは、自分のやりたいキャンプスタイル、つまり軸を決めるところからスタートしましょう。ワイルド系なのか、おしゃれ系なのか、自分のキャンプスタイルをイメージして道具を少しずつ集めます。憧れのキャンパーさんが使っている道具を真似したり、家にあるアイテムで使えそうなものを探したりするのもおすすめです。

　また、「どうやってキャンプ場まで行くのか」というのも重要なポイント。キャンプというとクルマに大荷物を積んでいくイメージがありますが、実は徒歩でも行けちゃうんです！　私の場合はキャンプを始めたときに、クルマ

最小限の道具でシンプルに過ごすバックパックスタイル

どころか運転免許すら持っていなかったので、徒歩でも運べるコンパクトな道具をキャリーバッグやバックパックに詰め込んで、電車やバスなど公共交通機関を使ってキャンプ場まで行っていました。徒歩キャンプの機動性を生かせば、船に乗って島キャンプや、飛行機に乗って海外キャンプにも行けるようになりますよ！

Carry Style

- 大容量なので、道具の選択肢が増える
- 電車での移動もじゃまになりにくい
- 階段や石が多いキャンプ場には不向き

Backpack Style

- 機動力が高く、どこにでも行ける
- 重い荷物を背負うので、体力は必要
- キャリーに比べ、持てる道具は限られる

Carry Style

とにかくのんびり、楽をしたい人に。クルマと徒歩のいいとこ取りスタイル

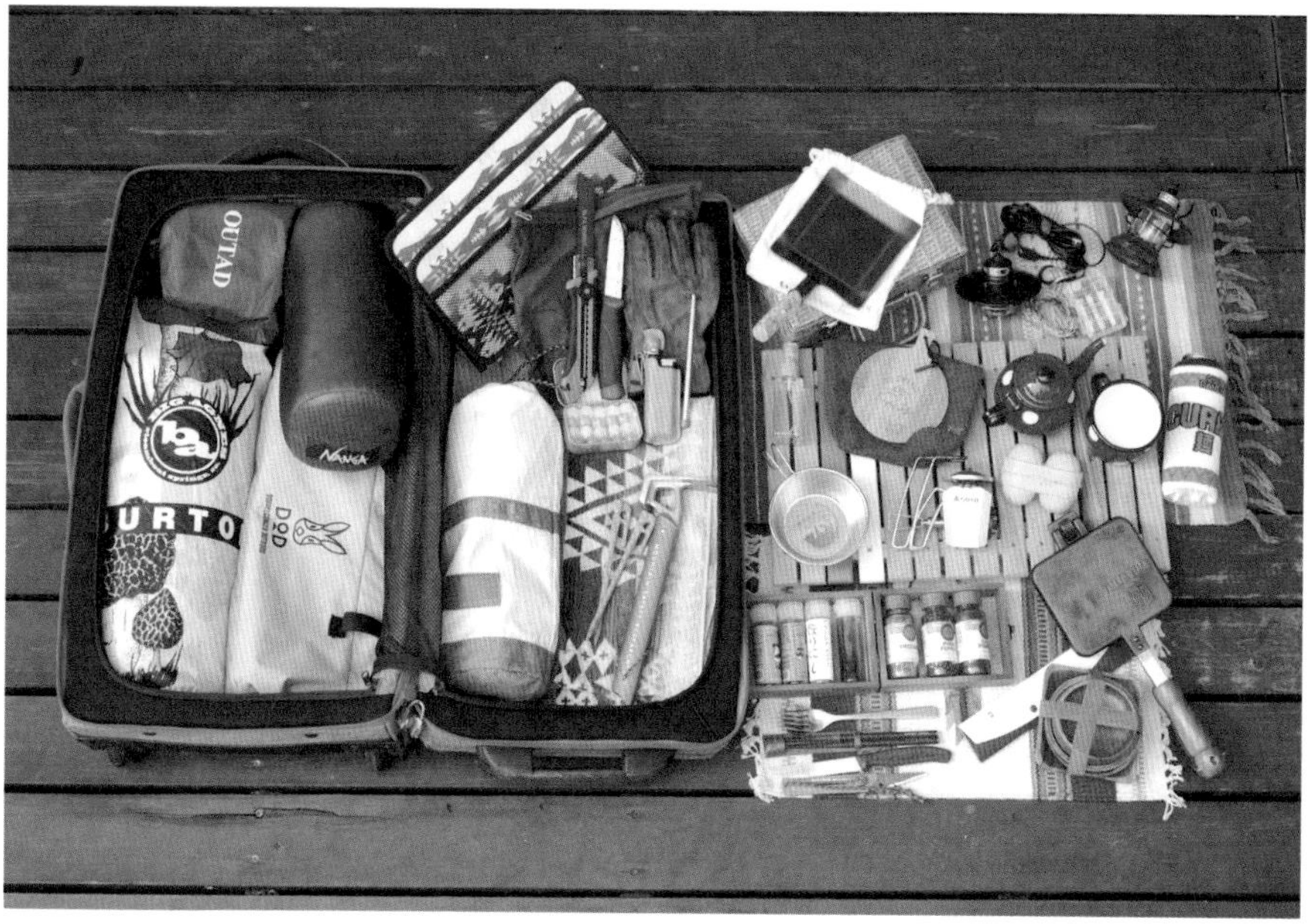

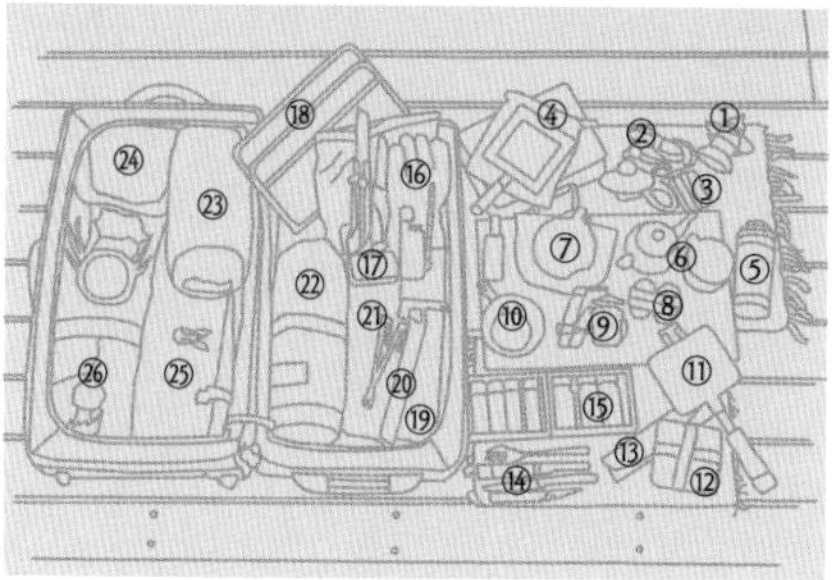

❶❷ベアボーンズのLEDランタン　❸飾り用のライトガーランド　❹キャリーなら重量のある鉄板も持っていきやすい　❺CB缶　❻エマリアオルクシュのティーセット　❼まな板にもなるシェラカップのフタ　❽エッグホルダー　❾バーナー　❿シェラカップ　⓫ホットサンドメーカー　⓬セリアで買った木皿　⓭⓮ナイフとカトラリーセット　⓯自作のスパイスボックス　⓰焚き火用ギア　⓱着火剤　⓲キャリーに取り付けるシートポケット　⓳ペンドルトンのタオル　⓴ハンマー　㉑ペグ　㉒ヘリノックスのチェア　㉓ナンガの寝袋　㉔グラウンドシート　㉕DODのベッド　㉖バートンのテント　(他)ラグ、テーブルマット、自作テーブル、ピクニックバスケット、キャリーバッグ

キャリーバッグでころころ

徒歩キャンプにいちばんすすめたいキャリーバッグスタイル。体力に自信がない人でもコロコロと持ち運びやすく、一見すると旅行者のようで電車の中でも目立ちません。段差で持ち上げることもあるので、70ℓのキャリーバッグに総重量20kgくらいの道具を入れるのがおすすめ。小さく感じるかもしれませんが、もともとコンパクトなソロキャンプの道具なら「遊び」を入れる余裕があるので、広いテントやコットなど快適さを求めたり、おしゃれな見た目にこだわったりできます。四角い箱にきっちりと道具を詰めるテトリス的な楽しさもあり、デッドスペースをうまく活用できるとうれしい。まずは家にあるキャリーバッグで始めてみましょう！

Backpack Style

体を動かすのが好きな人に。登山やハイキング、ロングトレイルもできるアクティブスタイル

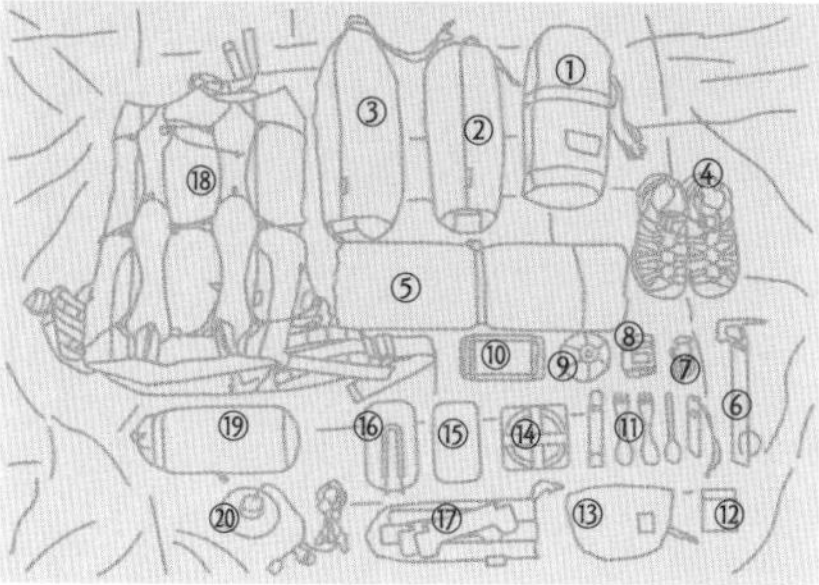

❶ヘリノックスのチェア　❷❸ワンポールテント　❹行動用サンダル　❺モンベルのインフレータブルマット　❻ハンマー　❼バーナー　❽焚き火セットの代わりにUCOのキャンドルランタン　❾OD缶　❿バッテリーにも使えるLEDランタン　⓫カトラリーセット　⓬電池式モバイルバッテリー　⓭チャムスの収納ケース　⓮セリアの木皿　⓯メスティンサイズのまな板　⓰メスティン　⓱ミニテーブル　⓲バックパック　⓳モンベルの薄い寝袋　⓴ベアボーンズのLEDランタン　(他)グラウンドシート

バックパックで軽快に

歩きが可能な場所ならどこでも行けるバックパックスタイル。すべての道具を背負って歩くので、道具の素材や性能を吟味して、キャンプに必要な道具だけを詰め込みます。

なかには1g単位で道具を軽量化して、30ℓのバックパックに総重量8kg程度の道具だけで出かける、ウルトラライトキャンプの達人もいますが、超軽量化するために最先端の素材や技術で作られた道具は高価で、ときには快適さも削らないとこのコンパクトさは達成できません。

はじめは50～60ℓのバックパックに15kgくらいの道具を詰め込むところからスタートするのがおすすめ。バックパックでしかたどり着けない絶景キャンプ場へ行ってみましょう！

ギアの選び方

テント

キャンプの寝室となるテント。大きい道具なので、選び方次第でキャンプサイトの雰囲気がガラリと変わります。サイズも形もいろいろあって迷ってしまうけど、基本は自分が「好き！」と思えるものを選ぶのがおすすめです。組み立ての簡単な小さいサイズを選んでもいいし、引きこもることを前提に大きいものを選ぶのも◎。大きな買い物なので、できれば実際にお店に行って、サイズや組み立て方を確認しましょう！

一気にサイトが華やかになる、個性的な柄の2人用ドームテント。毎年新しい柄が登場する。設営もしやすい。私が愛用しているテントの別バージョン（ビッグアグネス×バートン／ブラックテイル 2 テント）

天井が高く、室内で快適に過ごせる2〜3人用ドームテント。広い前室は雨が降っても安心で、タープを持っていく手間が省けるのがうれしいところ。想像以上にコンパクトに収納できる（オガワ／ステイシーST II）

ソロにはやや大きめだけど、設営はワンポールで意外と簡単！ コットとテーブル、チェアを置けばワンルームの秘密基地に。入り口が広いので、おこもりスタイルでも開放感がある（テンマクデザイン／サーカスコットン）

レトロでポップなAフレーム型テント。2〜3人用。前面を跳ね上げればタープ代わりに。その日の気分でさまざまなアレンジが楽しめる。テントだけでサイトが完成するって便利！（チャムス／エーフレームテント3）

シルエットがきれいなツーポールテント。総重量1420gの軽量モデル。2人用。トレッキングポールを支柱にできる。私はベージュカラーを愛用。晴れた日に前後をオープンにすると最高！（ザフリースピリッツ／リブラ 2）

タープ

晴れている日は日差しをカット、雨の日には濡れから道具を守ってくれる屋根のような存在。天候だけでなく、周りからの視線も遮ってくれるので、プライベート感を重視したい人にとっては強い味方です。個人的には屋根のない自然の開放感が好きなのと、持ち運び・設営がちょっぴり手間なので、雨の日だけご一緒したいギア。必須アイテムではないので、収納場所や持ち運べる荷物の量と相談しながら購入を検討しましょう。

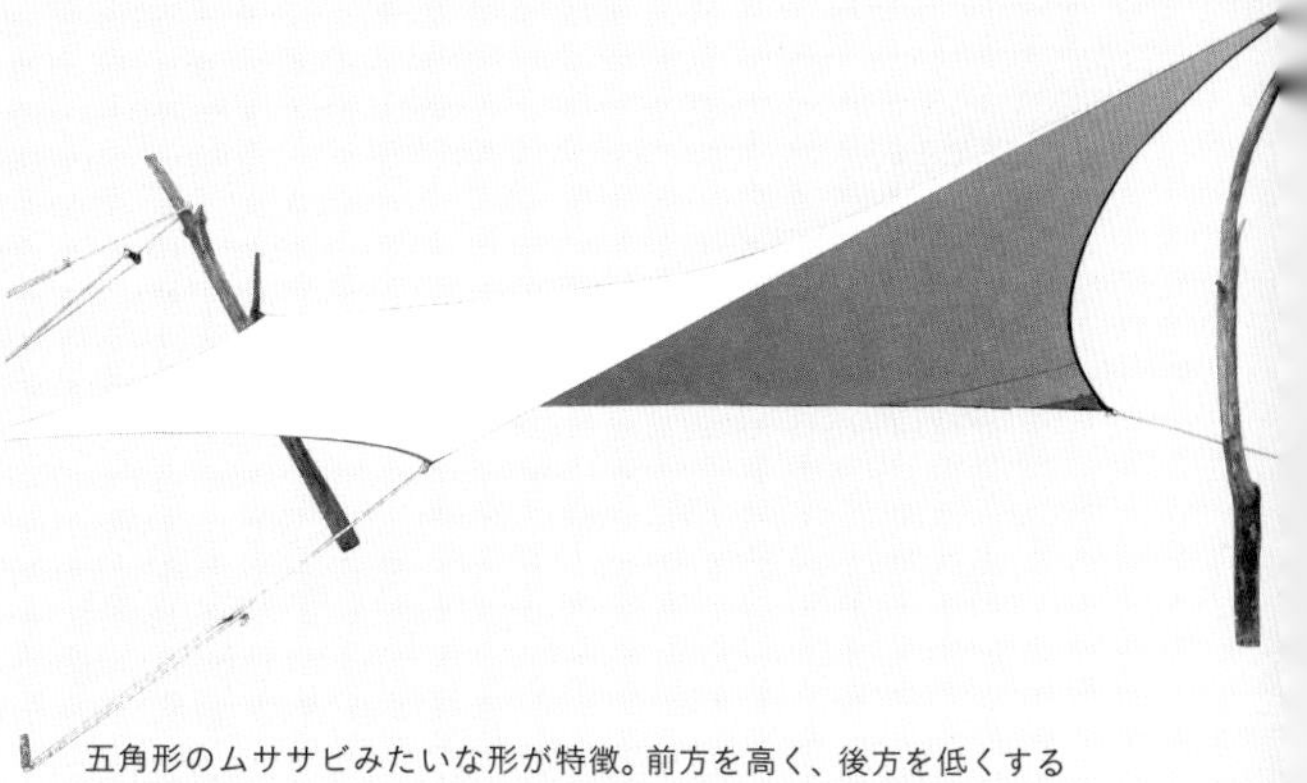

五角形のムササビみたいな形が特徴。前方を高く、後方を低くすると曲線がきれい！ 火の粉で穴があきにくいコットン素材（テンマクデザイン／ムササビウイング13ft.コットン“焚き火”バージョン）

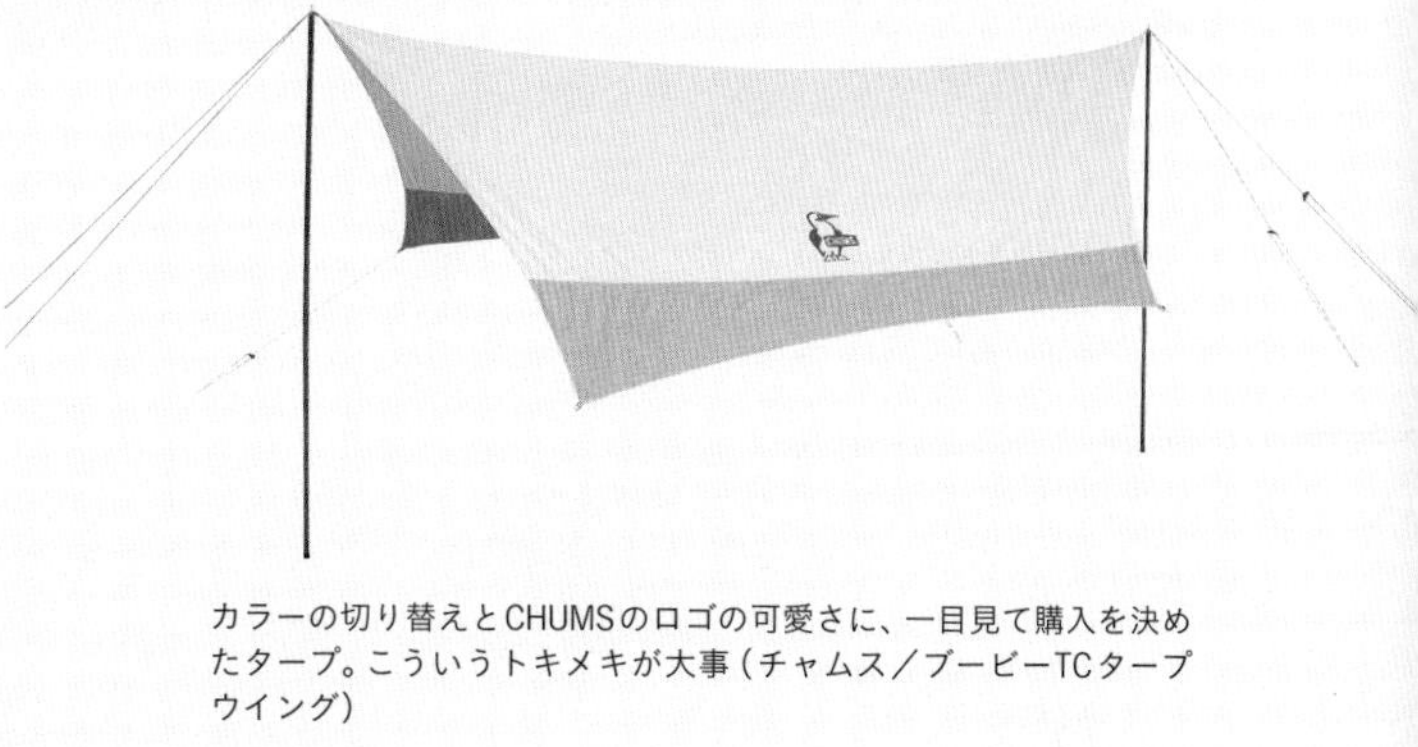

カラーの切り替えとCHUMSのロゴの可愛さに、一目見て購入を決めたタープ。こういうトキメキが大事（チャムス／ブービーTCタープウイング）

一見、普通のペグだけど、楕円形なので地中で回らず抜けにくく、90度回転させればスルリと抜ける、工夫がたくさん詰まった逸品。豊富なカラーバリエーションも魅力！（村の鍛冶屋／鍛造ペグエリッゼステーク）

312gと軽いのに、しっかりとペグに力が伝わって打ち込みやすい。特に徒歩キャンパーにおすすめ。荷物の隙間にサッと入れられるスマートなボディも◎（MSR／ステイクハンマー）

ペグ&ハンマー

テントやタープを立てるために使うペグとハンマー。ソロキャンプを始めたころは、テントを買うと付属のペグが入っているし、ハンマーを使わなくても石や足で押し込めばOK！と思っていましたが、地面の固いキャンプ場でテント設営に苦労して以来、使いやすいものを選んで持っていくように。地味だけど意味のあるアイテムです。毎回使うものだからこそ、使い勝手はもちろん、見た目も気に入るものを選ぶのがおすすめです。

マット&コット

楽しいキャンプは快適な睡眠から！ ベッドのようなコットには、ベンチとしても使えるハイタイプ、コンパクトに収納できるロータイプがあります。製品によって生地の張り具合が異なるので、お店で自分好みの寝心地をチェックしましょう。マットはクッション性と携帯性に優れたインフレータブル式がおすすめ。サイトの凸凹を軽減し、地面からの底冷えも遮断してくれます。荷物に余裕があればマットとコットを併用すると、より快適な寝床が完成します。

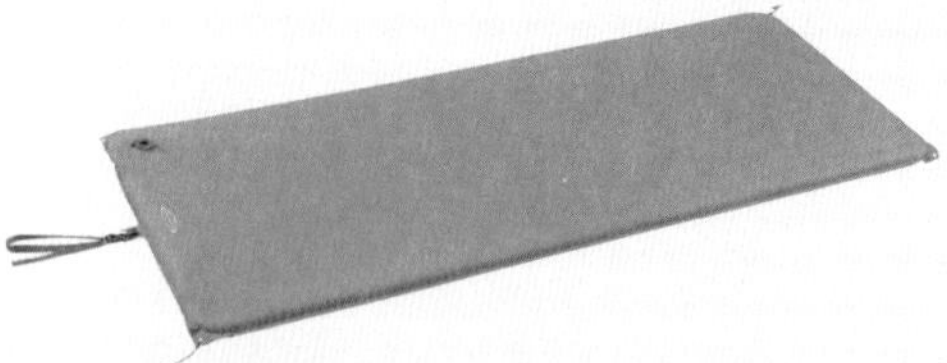

山でも使えるインフレータブルマット。クッション材としてウレタンが使用され、寝心地も抜群。枕を使用するなら短めサイズがコンパクトでおすすめ（モンベル／U.L.コンフォートシステム キャンプパッド38 150）

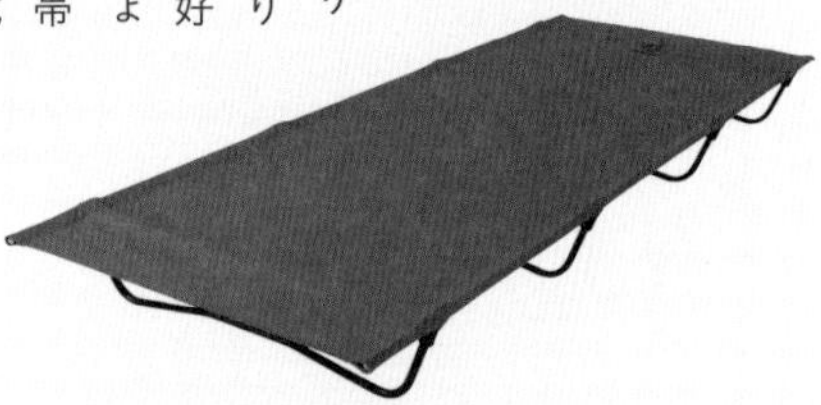

設営が容易な折りたたみベッド。生地の張りが強くなく、柔らかな寝心地。カラーはベージュ、カーキ、タン、ブラック。シンプルでどんなキャンプサイトにも合う。静止耐荷重は120kgまで（DOD／バッグインベッド）

シュラフ

シュラフとは寝袋のこと。大きく分けると、体にフィットして保温性の高いマミー型と、布団と同じようにゆったりと使える封筒型の2種類があります。季節や荷物の量によって使い分けるのがおすすめですが、コットと同様に好みも分かれるので実際に試してみるのが理想。中綿は、コンパクトなダウンと、コスパのいい化繊の2つが主流です。また、寝袋には快適温度の表記があり、記載よりも5~10℃ほど余裕をもって選択すると快適に眠れます。

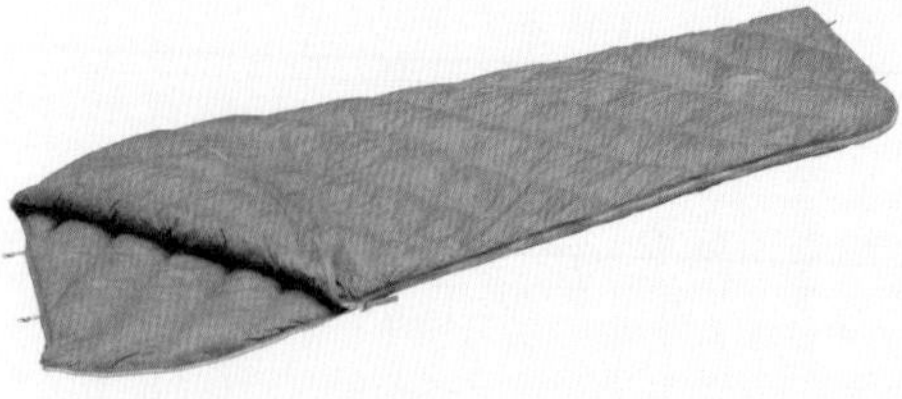

本来は寝袋にプラスして保温力を高める封筒型の寝袋だが、一枚で夏用の寝袋やブランケットとしても使用できる。透湿性に優れ、汗をかいても蒸れにくい（モンベル／アルパインダウンハガー800 サーマルシーツ）

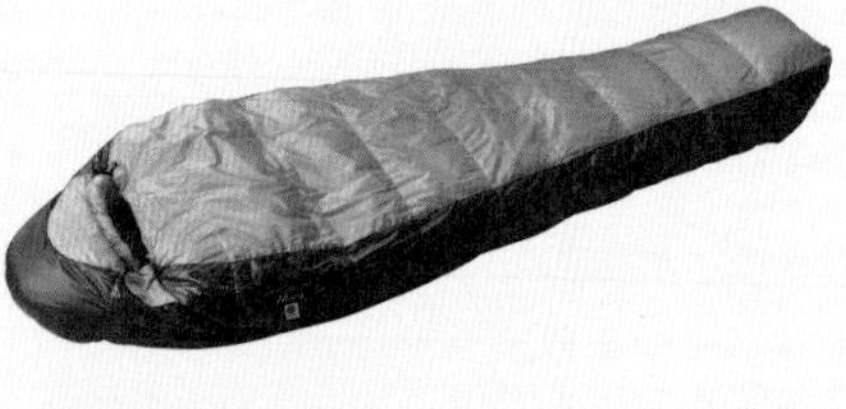

質のよいダウンを使ったマミー型の寝袋。生地は肌触りがよく、保温性にも優れている。アフターメンテナンスも抜群で長く使える逸品。快適使用温度は1℃で、防寒対策をすれば冬も使える（ナンガ／UDD バッグ 450DX）

ハンモック

木陰でハンモックに揺られながらお昼寝……。そんな憧れのキャンプの過ごし方ですが、最近は、夜もそのままハンモックで就寝するスタイルが人気を集めています！ 設営場所を選ぶのでやや上級者向けですが、テントやマットが不要になるので、とにかく荷物を軽量化したい人におすすめ。ふわふわと包み込まれる感覚が気持ちよく、意外と快適に眠れます。サイトの状態を気にせずに設営できるので、雨の日のキャンプにも便利です。

カラビナを含めて284gと超軽量ながら、生地は柔らかく、肌触りとのバランスが絶妙。収納サイズは12×9cmでポケットにも収まる。私はナチュラルなサンドタンカラーを愛用（カモック／ルー シングル）

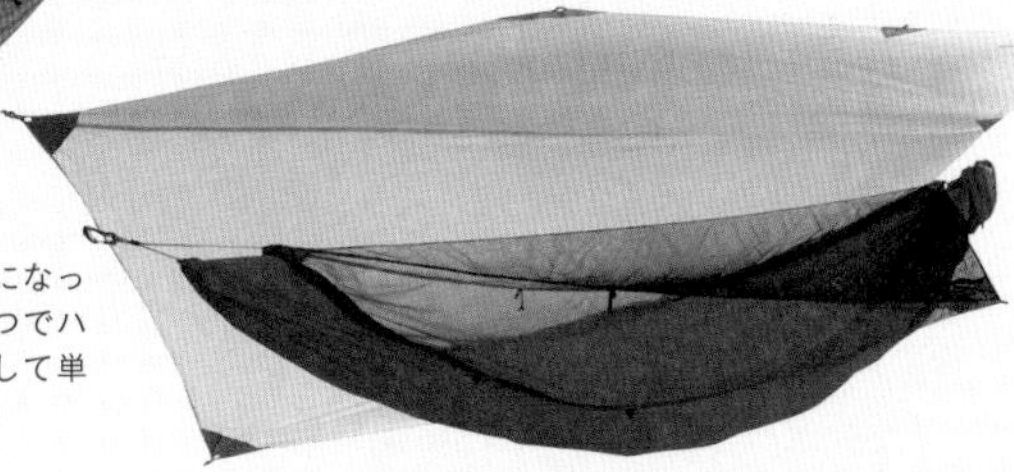

蚊帳付きのハンモックとタープがセットになったオールインワンの便利モノ。これひとつでハンモック泊が可能に。タープや蚊帳を外して単体でも使える（カモック／マンティスUL）

焚き火台

キャンプといえば焚き火ですが、直火禁止のキャンプ場も多いので、必ず持っておきたい道具のひとつです。芝生や地面を傷めず、安全に焚き火ができるだけではなく、網や鍋を置くためのオプションが付いている焚き火台も多いので、直火可能であっても焚き火台を使用したほうが、より充実した焚き火タイムが過ごせます。買ってみると「意外と重い！」というパターンも多いので、購入の際は重量をしっかりチェックしましょう。

直火サイトで使うコンパクトな焚き火台。1.1kg。炎の位置が低いので足元から暖かい。側面の窓から揺らぐ炎が幻想的。使用後に灰を簡単に捨てられる設計も魅力（ムース／〜灯篭〜）

チタン素材で軽量・コンパクトな焚き火台。付属の焼き網で肉を焼くことはもちろん、鍋を置いての調理も可能。横長型なので火力調整も容易に行なえる。側板を外せば大きな薪も燃やせるのがうれしい。423g（ベルモント／焚き火台TABI）

元祖、焚き火台。組み立てが簡単で、強靭なステンレス素材を使用しており衝撃や熱に強い。オプションパーツが豊富でカスタマイズも楽しめるが、3.5kgと重量があるためクルマキャンプ向き（スノーピーク／焚火台M）

テーブル

ご飯を作って食べるのに欠かせない道具。ソロなら小さなローテーブルがおすすめです。狭く感じる場合、大きなものをひとつ持っていくより、小さなものを複数持っていくほうがコンパクトに収納できます。軽いのはアルミやプラスチック素材ですが、サイトで過ごしているときにいちばん目に入る場所なので、少し重くても暖かみのある木製テーブルを選ぶのもあり。重さとサイズを見ながら、自分に合ったテーブルを探してみましょう！

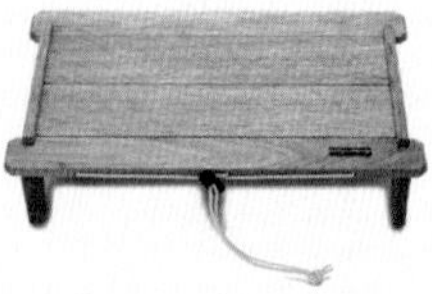

A4サイズのミニテーブル。暖かみのある木製で、ご飯がおいしそうに見える。30×7×5.5cmとコンパクトな収納サイズも魅力（ペレグリン・ファニチャー／アルマジロテーブル）

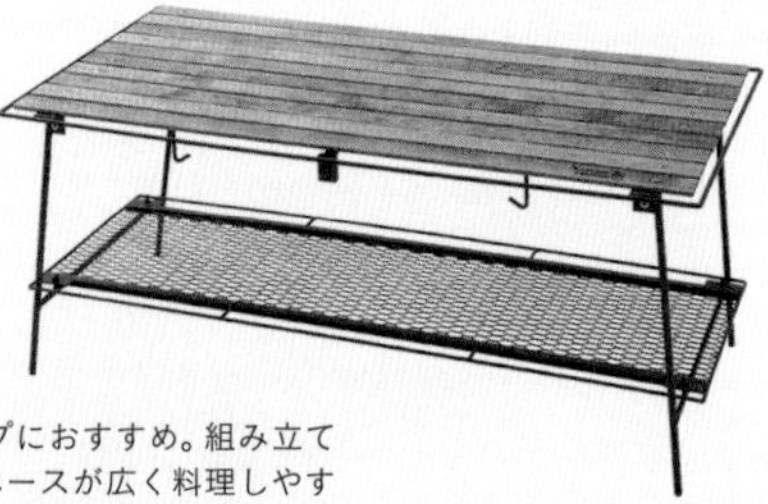

クルマキャンプにおすすめ。組み立てが容易で、スペースが広く料理しやすい。棚板とハンガー付きで、小物が置けて便利（ネイチャートーンズ／カフェテーブル ヴィンテージスタイル）

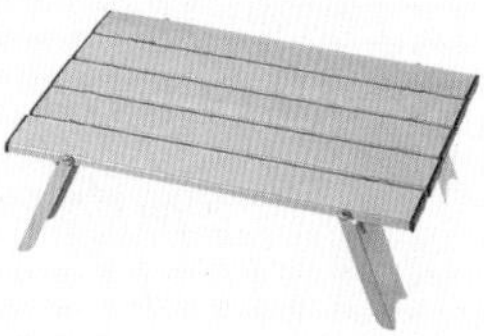

ほぼA3サイズのテーブル。天板は汚れや熱に強いアルミ製。複数をつなげて使うのも◎。収納サイズ40×7×6cm（キャプテンスタッグ／アルミ ロールテーブル）

チェア

キャンプ中、長い時間を過ごすチェアは、特に重要なアイテム。キャンプ道具のなかでも品揃えが豊富なので、テントやサイトの雰囲気に合わせて好きなものを選びやすいです。

おすすめは、先述のテーブルの高さに合わせたロータイプのチェア。地面との距離が近く、自然とリラックスできます。座り心地や座面の高さも、実際に店舗でチェックしましょう。なかには座ったまま寝られるほど快適なチェアもありますよ。

キャンパーに人気の軽量チェア。収納がコンパクトで、リラックス時にも作業時にもぴったりの座り心地（ヘリノックス／チェアホーム コンフォートチェア カプチーノ）

張りのある生地は、使うほどになじむ。ひじ掛け付きで立ち上がりが楽。かわいらしいデザインで、インテリアとして家でも使える（カーミット／カーミットチェア レッド）

背もたれが長く、体が包み込まれるリラックスチェア。星空を眺めながら寝落ちできる快適さ。別売りパーツでロッキングチェアにカスタム可（ヘリノックス／チェアツーホーム ラグーンブルー）

ランタン＆ヘッドライト

キャンプ場の夜は暗いので、サイト周りを照らすランタンは必須のアイテム。ランタンには、ガソリンやガスを使う燃料系ランタンと、バッテリーや電池を使うLEDランタンがあります。荷物を減らしたいソロキャンプでは、コンパクトなLEDランタンがおすすめ。スイッチを押すだけなので、持ち運びや取り扱いも簡単です。サイト全体を照らす吊り下げランタンと、手元を照らすヘッドライトを併用すると、長い夜を楽しく過ごせます。

カラビナで吊り下げられるランタン。100ルーメンでサイトをやさしく照らす。USBバッテリーにつなげて使うので、個々の充電がいらないのがうれしい（ベアボーンズ／エジソンペンダントライトLED）

乾電池式の小型ランタン。コードレスで横方向に光が出るので、食卓の雰囲気づくりに最適！　USBバッテリーにつないでの使用もできる（ベアボーンズ／ミニエジソンランタンLED）

充電式で重さ28g（ベルト別）。最大400ルーメンと、小さいながらパワフルなヘッドライト。光量の微調整も可能。首にかけて使用するのにもおすすめ（マイルストーン／MS-G2）

手のひらサイズのLEDライト。150ルーメンと明るく、3つの点灯モードがある。USBコネクタ付きで、充電用のケーブル不要（ゴールゼロ／ライトハウス マイクロフラッシュ）

クーラーボックス

食材を保存するクーラーボックスは、夏場のキャンプに欠かせないアイテムです。硬い素材でできたハードクーラーは、保冷力が高く、ちょっとしたイスやテーブルとしても使えるけれど、徒歩でのソロキャンプの場合は、軽量でコンパクトなソフトクーラーがおすすめ。1泊なら容量10～20ℓほどのものがちょうどいい。飲み物を冷やさなくてもいい冬季は小さく軽いものをセレクトするなど、季節やスタイルに合わせて持ち替えましょう。

軽量で持ち運びやすく、バックルを締めることで気密性がアップする。ファスナーポケットに常温食材などが収納できて便利！　容量は11ℓ（AOクーラーズ／12パックキャンバスソフトクーラー）

容量が350mℓ缶20本分と大きめで、お酒や食材をたくさん持っていく人向き。ソフトクーラーなのに保冷力が高く、止水ジッパーで水漏れしない（イエティ／ホッパーフリップ18）

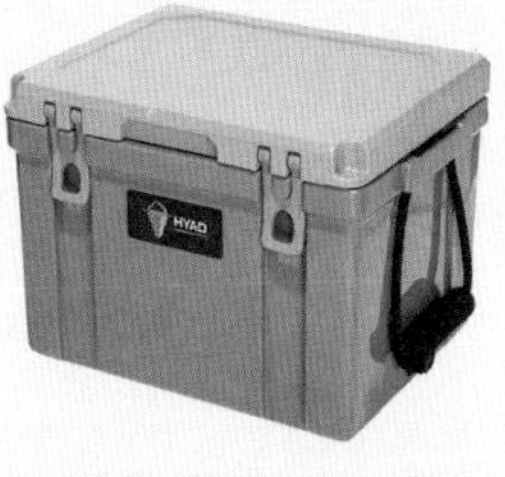

レトロなボディがおしゃれ。バスケット付きで食材が迷子にならない。容量25.5ℓでクルマキャンプに◎（オレゴニアン・キャンパー／HYADクーラーボックス 27QT）

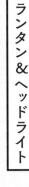

キャリーバッグ

クルマを持っていない人や、飛行機を利用して遠くまでキャンプに行く人におすすめのキャリーバッグ。ソフトタイプは軽量で収納力が高く、ハードタイプは雨風に強く机としても使えます。タイヤは、4輪タイプのほうが重さを感じにくいですが、タイヤ径が大きく壊れにくい2輪タイプのほうが、キャンプ場のガタガタ道では運びやすいです。それぞれによさがあるので、キャンプのスタイルや移動手段に合わせて慎重に選びましょう。

唯一無二の、キャンパーのためのスーツケース。容量58ℓ。ストラップ付きで、一時的にリュックとして背負うほか、道具の外付けもできる。キャスターは交換可（DOD／キャンパーノ・コロコーロ）

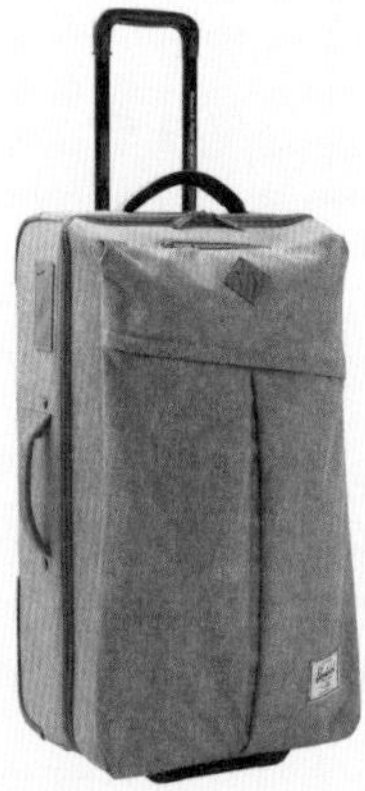

森風美愛用の75ℓスーツケース。シンプルな構造で収納力が高い。前面は柔らかく、無理な詰め込みにも多少は対応してくれる。4年間ハードな使用に耐え続けている（ハーシェルサプライ）

バックパック

石や砂利の多い河原のキャンプ場や、階段のあるキャンプ場に行くときには、バックパックを使います。チェストベルトやウエストベルトで体にしっかりと密着できるバックパックを選べば、背負って歩いてもそれほど重く感じません！ キャンプでの使用がメインなら、入りきらないギアを外付けできるストラップが多いものがおすすめ。また、ポケットがあると貴重品や充電用ケーブルなど無くしがちな小物をきっちり収納できます。

上部のリッド（小物入れになるバックパックの雨蓋）は取り外し可能で、荷物の量によって調整できる。フロントからも荷物が取り出せるジッパー付き。60ℓ（グラナイトギア／BLAZE60）

定番ザック「ケストレル38」の女性用モデル。ポケットが多く、リッドの小物入れは背負ったままでもアクセスできる。専用レインカバーが付いているのもうれしい（オスプレイ／カイト36）

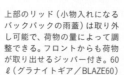

デコレーションアイテムで キャンプをもっと楽しく♪

必須の道具がそろったら、ガーランドやテーブルクロスなどデコレーションアイテムでキャンプサイトを飾り付け！ 家にあるものをそのまま使えば、自分らしさのあるキャンプサイトに。

雑貨屋さんに行ったときにも、「これはキャンプで使えそう」なんて視点でアイテムを見るようになります。近くで拾った松ぼっくりも、テーブルに飾れば立派なデコレーションアイテム。桜の花びらや落ち葉など、季節感のあるアイテムも可愛いです。

小物入れにもなるバスケットは、キャリーバッグに入るサイズをチョイス。ガーランドはテントや木に飾り付けて楽しい雰囲気に。松ぼっくりやドライフラワーはナチュラルでキャンプにぴったり。テーブルの雰囲気がガラリと変わるテーブルクロスやランチョンマットは、かさばらないので何枚でも持っておきたい。ライトガーランドがあれば夜も可愛らしいサイトに。オイルランタンやキャンドルは、揺らめく火が食事の時間を楽しくしてくれる。

ウェアの選び方

Summer
夏

じっとしていると暑い夏は、海へ川へとアクティブに動きます。マリンウェアに着替えやすいように、Tシャツにショートパンツなどシンプルな服装で。速乾素材のTシャツは汗をかいても、そのままの格好で水に飛び込めるし、夏の日差しですぐに乾くので何枚か持っておきたい。サイトに戻る夕方は、蚊がたくさん出るので長袖長ズボンにスニーカーで完全防備。寝るときは暑いので半袖半ズボンに。とにかく着替えの多い季節です。

【着用アイテム】コーデュロイBBキャップ（ゴースローキャラバン）、WIC.T 山の太陽 Asian（モンベル）、アルゴンヌIIショーツ（コロンビア）、レディース Zクラウド2（チャコ）

Spring
春

暖かな陽気の春は、気分も明るくなるカラフルなお洋服をセレクト！ 動きまわる日中は暑く感じることも多いので、長袖アウターの下にTシャツを重ねて、脱ぎ着できるようにしています。また、うららかな気分で日向ぼっこをしているとすぐに日焼けしてしまうので、つばの広いハットで紫外線をカット。たまに木から落ちてくる毛虫を防ぐこともできます。花粉症の人は、花粉の付きにくいサラッとした素材のアウターをチョイスして！

【着用アイテム】キャンパーハット、C/NナチュラルワッシャーアノラックパーカW、マルチストライプ ミドルフレアスカート（すべてゴースローキャラバン）、グレー Chuck 70 ハイ スニーカー ウィメンズ（コンバース）

Winter
冬

寒い冬は重ね着のオンパレード！ 上は防寒インナーにトレーナー、厚手のジャケット。下は太めのボトムスにダウンパンツとタイツを重ねてとにかくモコモコです。オーバーオールはお腹まで暖かいのでおすすめ。さらに足元から冷えるので、ウールの靴下にウィンターブーツを履いて、帽子と手袋も持っていきます。外は寒くても暖房を入れたテント内は暑いので、リラックスできるお気に入りの部屋着も忘れずに！

【着用アイテム】ニット帽（ゴア）、ブルーピークウィメンズインターチェンジジャケット、シカゴアベニューウィメンズオーバーオール（ともにコロンビア）、ティボリII（ソレル）、グローブ（ザ・ノース・フェイス）

Autumn
秋

おしゃれが楽しい秋は、紅葉に合わせてシックなカラーのお洋服をチョイスしています。大好きなニットのカーディガンを着て、日照時間が短いので帽子はかぶらずに日焼け止めでカバー。ほとんど街中と同じ格好でキャンプしています。夕方からは少しずつ寒くなってくるので、スカートの下にはタイツやダウンパンツを重ね着すると温かい。冷え込みそうな日は薄手のダウンジャケットも持っていくと安心です。

【着用アイテム】ニットカーディガン（古着）、チェック切替ロングスカート（アクシーズファム）、ティンバーランドとトミーのコラボブーツ

トップス＆ボトムス

過ごしやすい季節なら普段着でも間に合いますが、暑い夏や寒い冬はアウトドアに適したトップスを選ぶと快適に過ごせます。夏のTシャツは汗を吸い取って乾きやすい吸汗性速乾素材、冬の防寒には保温性と通気性の高いメリノウール素材がおすすめです。ボトムスも同様に季節に合わせて素材を重視。ウエストにゴムを使用した、伸縮性の高い生地のものを選ぶと◎。試着時には立ったり座ったりして動きやすさの確認を！

2

背面

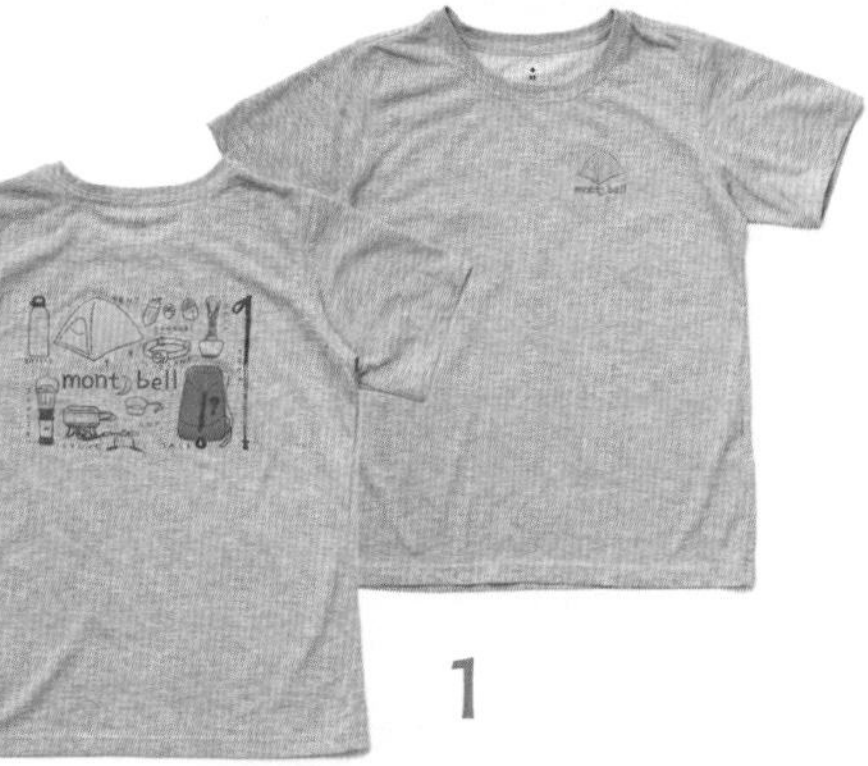

1

3

4

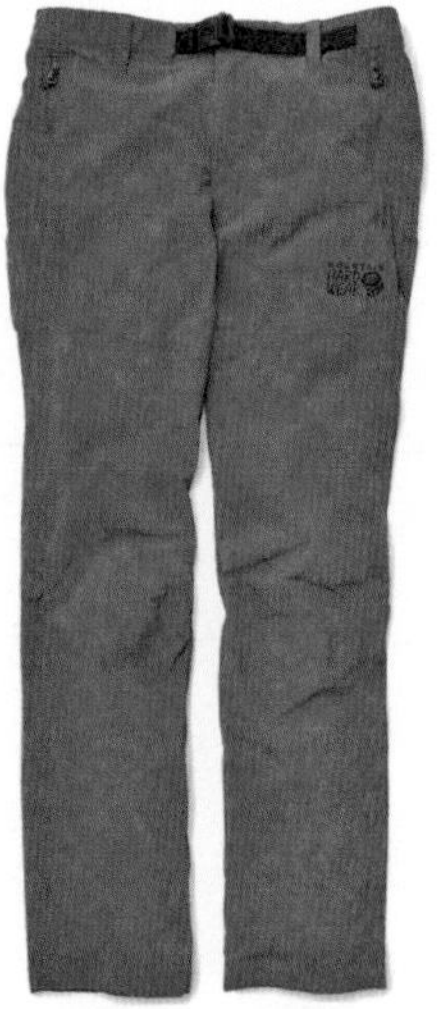

5

1.速乾性が高く、サラッとやさしい肌触り。下着が透けにくいのもうれしい（モンベル／WIC.T）2.メリノウールを使用した冬のアンダーウェアにおすすめの一着。肌触りが心地いい（スマートウール／ウィメンズ メリノ250ベースレイヤークルー） 3. 3つのポケットが便利なショートパンツ。ちょっとした水遊びにも。丈を調整するストラップ付き（バートン／ウィメンズ ジョイショーツ） 4.膝部分が立体裁断され、ストレッチ素材で動きやすい。細身のシルエットで日常使いにも（マウンテンハードウェア／アセントパンツ） 5.難燃素材のダウンパンツで、冬の焚き火に欠かせないウェア。大きなサイドポケットも便利（グリップスワニー×オレンジ／ファイアープルーフ ダウンパンツ）

アウター

いちばん外に着るアウターは、キャンプ専用のものを用意したほうが汚れを気にせずキャンプを楽しめます。機能性の高いアウトドアブランドのものがおすすめです。ポケットが多かったり、袖や裾を絞って風の流入を防げたり。実際に屋外で着てみないと気づかない工夫がたくさん！ 撥水加工のアウターは汚れが付きにくく、ある程度の雨風に対応してくれます。小さく収納できるダウンジャケットは、荷物に忍ばせておくと安心です。

1.難燃撥水加工ジャケット。両サイドのポケットに350ml缶がぴったり入る（ジーアールエヌ アウトドア／HIASOBI CAMPER JACKET） 2.表地はセーターニット、裏地はフリースのジャケット。細身で、一枚でも格好よく重ね着もしやすい（パタゴニア／ウィメンズ・ベター・セーター・ジャケット） 3.耐久性撥水加工を施し、裏地はおしゃれなフランネルのクラシックなジャケット（エルエルビーン／ウィメンズマウンテンクラシックウォーターレジスタントジャケット） 4.テント内でのリラックスウェアにも使える軽量ダウンジャケット。着丈が長めで腰回りも温かい（マウンテンイクイップメント／ウィメンズパウダーデュベ）

1

2

3

4

帽子&ネックウォーマー

日よけや防寒のためとはいえ、おしゃれを楽しむアイテムなので、「自分に似合う!」と思うものを直感で選んでOKです。機能性を考えるなら、夏は通気性や収納時の折り跡のつきにくさ、ストラップが付いているかをチェックして。冬は暖かいニットと風を通しにくいフリースの二重素材のものがおすすめです。

1.つば広で首回りまでカバー。折り目がつかずコンパクトにたためる(マーモット/メランジワイドブリムハット) 2.サイドのメッシュで通気性抜群。ストラップは取り外し可能(ザ・ノース・フェイス/サンライズハット) 3.紫外線をカットする素材。柄テープがおしゃれ(コロンビア/ブルーイッシュリバーバケット) 4.セットで可愛いニットアイテム。裏地はフリースで着け心地も◎(フェニックス/スパイシーイヤーフラップビーニー・スパイシーネックウォーマー)

グローブ

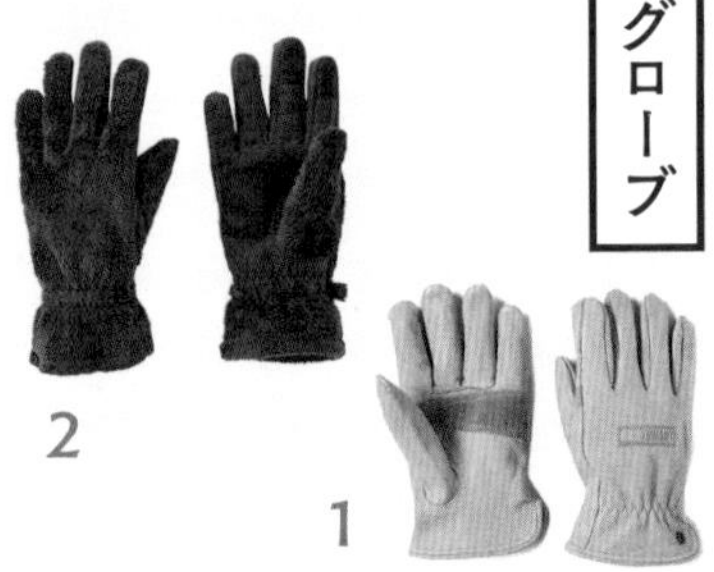

1. しなやかで丈夫な牛革のグローブは、使えば使うほど手になじむ(グリップスワニー/キャンプグローブ) 2.ソフトで着け心地のよいグローブ。指先の滑り止めで細かい作業もしやすい(エルエルビーン/ウィメンズ リュクス・フリース・グローブ)

薪やロープなどを扱うときに手指を保護するグローブ。耐熱性が高く熱いお鍋もつかめる焚き火グローブもいいですが、初心者のうちは手にフィットする薄手のグローブのほうが指が動かしやすくておすすめ。指先も凍えるような冬のキャンプでは、防寒性の高いアウトドアブランドの手袋を選びましょう!

エプロン

豪快に料理をすることが多いキャンプでは、気づいたらお気に入りの服が油はねだらけ、ということもしばしば。そんな悲劇を防ぐためにエプロンは一枚あると便利! 着けているとなぜか玄人感も増してかっこいいんです。アウトドアエプロンは、ペグの入るループや、ミトンにもなる裾などさまざまな機能があり、見ているだけでもワクワクします。

ハンマーやトングを収納できるポケット、タオルやカラビナを下げられるループなど、うれしい機能が満載(テンマクデザイン/アウトドアクッキングエプロン)

シューズ＆サンダル

テントと外で出入りの多いキャンプでは、脱ぎ履きしやすい靴を選ぶのが鉄則なんですが、私はアウトドアらしいデザインや防寒性に惹かれてブーツを選びがち。手間はかかるけど、ソロなら時間はたっぷりあるので、好みに合わせて選びましょう。表面が撥水加工されているものなら、夜露に濡れた芝生を歩いても水が染み込まず◎。サンダルはつま先が保護されていて、寒いときに靴下をはいても違和感のないデザインがおすすめです。

1.軽くて足にフィットするスニーカーサンダル。夏は素足で、春秋はカラーソックスと合わせるとおしゃれ（キーン／ユニーク）　2.中綿と合成ファーで、足首からつま先まで温かい冬用のショートブーツ。防水性も高く冷えにくい（ソレル／ティボリⅣ）　3.かかとを踏んで履くようにデザインされた画期的なスリッポン！ 普通に履いたときのホールド感も安心（テバ／レディースエンバーモック）

3

2

1

レインウェア＆長靴

突然の雨に備えて持っておきたいレインウェア。ずぶ濡れキャンプは寒くて楽しむどころではありません。少しの雨ならすぐに羽織れるポンチョタイプのウェアで可愛くガードし、横から吹きつけてくる雨ならセパレートタイプのウェアで全身を守ります。防風性も高いので、風が冷たいときに上に羽織ると温かいです。長靴は雨の日だけでなく、ふだんからコンパクトに折りたためるものを持っておくと、ぬかるんだ地面にも対応できます。

1.ポンチョとジャケットのいいとこ取り。バックパックを背負ったまま羽織れる（コロンビア／ボヘミアンワックスウィング ジャケット）　2.コンパクトに収納できる軽量レインウェア。透湿性の高いゴアテックス素材で蒸れずに快適（モンベル／バーサライトジャケット・バーサライトパンツWomen's）　3.コンパクトに収納できる長靴。クシュっと折り曲げてショート丈にしてもOK（日本野鳥の会／バードウォッチング長靴）

2

1

3

Column 2

キャンプでの暑さ・寒さ対策

暑さ寒さ対策でいちばん大事なのは、キャンプ場選び！　夏は標高が高く木陰が多い林間キャンプ場を選んで、冬は低地で日当たりのいい草原キャンプ場を選びます。夏は北海道、冬は沖縄と、季節に合わせて緯度を変えるのもあり！　クルマキャンプでは家庭用の扇風機やホットカーペット、こたつなどを積んで豪華なキャンプをする人もいます。徒歩キャンプなら、あまりに寒い時期は命にも関わるので春までキャンプをお休みするか、暖房器具をレンタルできるキャンプ場を探すのがおすすめです。

最近はポータブルの扇風機やソーラー電源、空調服、電気湯たんぽなど、徒歩キャンプでも活用できるアイテムがたくさんある

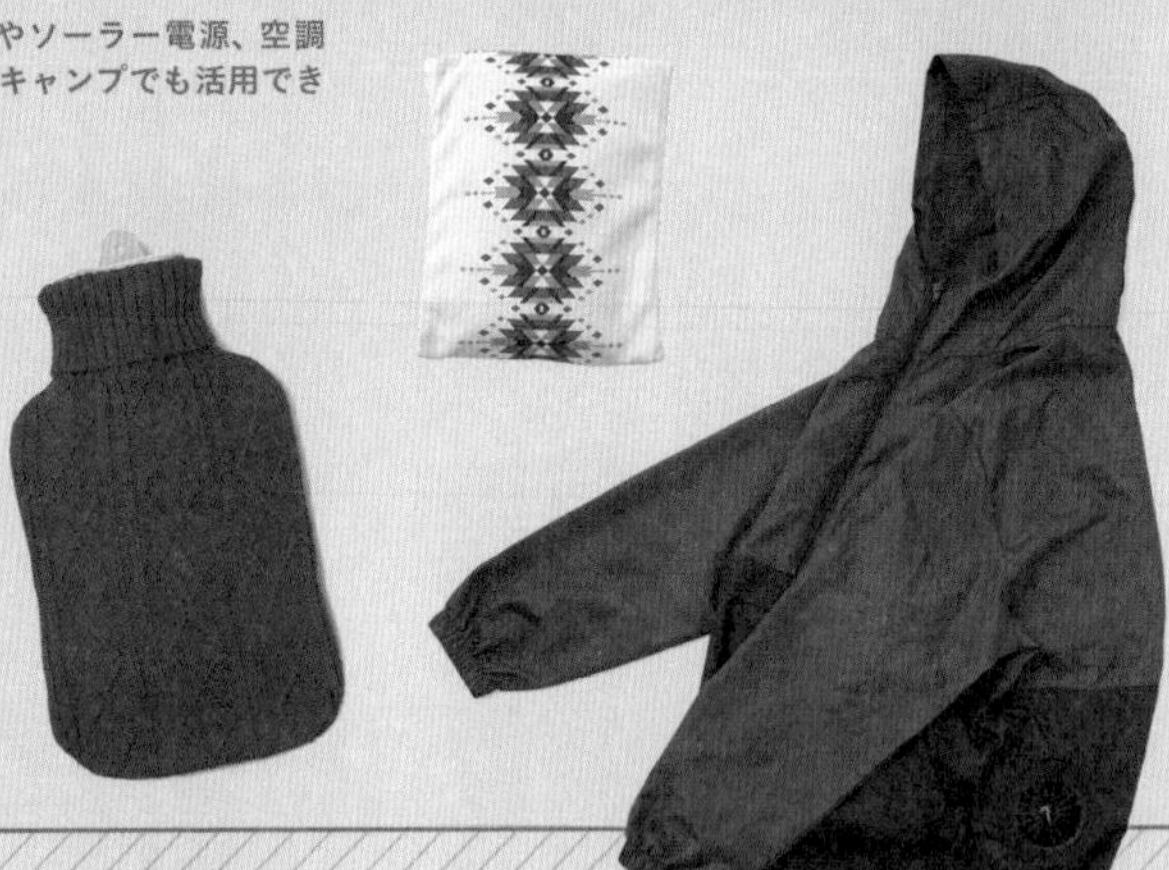

Part 2

ソロキャンプに出かけよう

ソロキャンプのプランニング

私がソロキャンプに行くときは、まずキャンプで何をしたいかを考えてから、泊まる場所や道具を整えます。焚き火料理を作ったり、可愛くサイトを飾り付けたりと、キャンプ自体を目的に行く「目的キャンプ」のときには、キャンプ道具をたくさん持って景色がきれいなスポットへ。釣りをしたり、島の観光地を巡ったりと、キャンプを旅の手段として使う「手段キャンプ」のときには、寝泊まりするだけのシンプルなキャンプ道具で、目的地にアクセスしやすいスポットへ。自分がいちばんやりたいことをイメージすれば、道具や目的地、朝夜の献立まで自然と想像できるので、下調べも格段に楽になります。

もちろん、「ただ、のんびりしたい」「初めてのキャンプだから

しっかり道具を使いこなしたい」という目的でも大丈夫。あれもこれも詰め込みすぎると、自分ひとりでは運べない荷物の量になったり、やりたいことの半分もできないまま夜になってしまって、せっかくのソロキャンプが消化不良に。まずはひとつだけキャンプの目標を定めましょう。楽しいソロキャンプへの近道はプランニングにあり！

目的キャンプ

- キャンプ生活を楽しむことを目的に
- 景色のきれいなキャンプ場を選ぶ
- サイトを快適にするアイテムを多めに

手段キャンプ

- 旅の手段としてキャンプをする
- 目的地にアクセスしやすい場所を選ぶ
- 寝泊まりするだけのシンプルなサイトに

キャンプ場選び

アクティビティ

自然のなかにあるキャンプ場には、魅力的なアクティビティがいっぱい！ レンタルカヌーや釣り堀など、チャレンジしたい遊びを中心にキャンプ場を選ぶのもいい。ピザ作りやコーヒー焙煎などまったりしたアクティビティのあるキャンプ場も。

設備

自分が譲れない設備を優先してキャンプ場を決めるのもおすすめ。最近はウォシュレット付きのきれいなトイレや、お湯の出る炊事場が備わっているところも。さらに温泉やカフェレストランが併設され、リゾート気分で過ごせるキャンプ場もある。

ロケーション

森林、湖畔、川辺など、好きな場所に泊まれるのがキャンプの魅力。私のお気に入りはオーシャンビューのキャンプ場と、夜景が見える高台のキャンプ場。別荘にいるかのような絶景が広がります。日常で味わえない開放感を味わってみて！

サイト自由度

区画サイトは林間キャンプ場に多く、植え込みなどでエリアが仕切られていて目隠しになり、初心者には安心。フリーサイトは開放感のある草原に多く、好きな場所で思いどおりのサイトアレンジができるが、混雑時は場所決めが難しい。

キャンプのシーズン

夏

蒸し暑い夏は、標高の高いキャンプ場で涼しく過ごす人と、海や川のそばのキャンプ場で思いっきり遊ぶ人に分かれる。私のおすすめは海辺。シュノーケリングで熱帯魚を見つけたり、堤防からアジを釣ったり、夏休みらしい遊びが楽しい！

冬

暖房と防寒対策をしっかりした熟練キャンパーが集う季節。雪中キャンプを楽しむ猛者も多い。近年は年越しキャンプも人気。空気が澄んで星がきれいに見える冬は、テントから顔だけ出して夜空を眺めることも。個人的には冬の沖縄が穴場でおすすめ！

春

木々が青々ときらめき、お花見キャンプや潮干狩りキャンプが楽しめる春はキャンプに最適！ 日中の陽気は穏やかで、夜は涼しいので焚き火をするにもちょうどいい。高原のキャンプ場では夜の防寒対策が必要。花粉症の人にはつらい季節。

秋

秋はキャンプのベストシーズン！ 少し寒くなって家族連れが減り、ソロキャンパーが増える時期。お月見や紅葉狩りなど自然を楽しむイベントも多い。夜が長いので、落ち葉を集めて焚きつけにしたり、お芋を焼いたり、思い思いのひと時を。

情報収集と予約

1 検索は徹底的に

キャンプ場を選ぶ前に、ネットで徹底的に情報を集めるのが大切。立地や設備を確認して自分の装備を考えます。「地域名 キャンプ場」で検索して行きたい場所に目星をつけたら、実際にそのキャンプ場に泊まった人のブログを見ながら決めるのがおすすめ。到着が遅れないよう、ナビアプリや乗り換えアプリで家を出る時間も調べて！

2 予約は早めに

GWや連休中のキャンプ場は大人気。直前に問い合わせたら空きがなくてキャンプに行けない！ なんてことがないよう、早めの予約がおすすめです。3カ月前の1日から予約を開放するキャンプ場が多く、人気のキャンプ場や景色のいい場所はすぐに埋まってしまうことも。最高のキャンプをするために、早めの予約を心がけましょう。

3 周辺情報をチェック

キャンプ場を決めたら、近くのスーパーやコンビニ、温泉や帰りに寄りたい食事どころなど、周辺情報も細かくチェック！ せっかく遠方まで行くキャンプ。旅行気分で、その土地ならではのモノ・コトを満喫すると、今までなかった発見があるかも。検索だけでなく、Googleマップで気になるスポットを空から見つけるのもおすすめです。

4 天気の確認も

キャンプの1週間前から天気予報をチェックする癖を。前日になれば1時間ごとの天気も確認できます。注目しがちな雨予報以上に、キャンプで大事なのは風速予報。強風が吹く日のキャンプは危険なのでキャンセルしたほうが◎。「Yahoo! 天気・災害」では、全国の主なキャンプ場の天気をピンポイントで確認できるのでおすすめです！

おすすめアプリ

Windy
風雨の流れや波の状況まで、アウトドアに必要な天候情報を視覚的に確認できる。山を挟むと天候も変わるので、リアルタイムにピンポイントな情報が手に入るのがうれしい。

Q助
消防庁が提供するアプリ。急な病気やケガの際、該当する症状を選択すると緊急度に応じて必要な対応を教えてくれる。すべてが自己判断になるソロキャンプの、万が一の備えに。

Yahoo! カーナビ
YAHOO! JAPAN
高速のリスト表示が見やすく、広い道を優先して提案してくれるので知らない道も安心。目的地までの距離や時間・料金も表示されるので自宅でのルート検索にもおすすめ。

マナー＆リスクマネジメント

キャンセルの場合は必ず連絡を

悪天候や体調不良、仕事などで突然キャンプに行けなくなってしまった場合は、早めにキャンセルの連絡を入れましょう。ビジネスの問題だけでなく、到着前に事故があったのかと心配するオーナーさんもいるので、無断キャンセルは絶対にNG。台風などでキャンプ場が閉鎖される場合は、通常キャンプ場から連絡がありますが、不安な場合は念のため確認を。

スペースをとりすぎない

自由にテントを張れるフリーサイトのキャンプ場でも、混雑している場合はスペースを取りすぎずコンパクトな設営を。区画サイトでも、隣接するサイトギリギリにテントを立てるのはNG。ペグが区画をはみ出さないよう設営場所もよく確認。どうしてもはみ出てしまう場合は、お隣の方にひと声かけ許可をもらいましょう。

騒音トラブルに気をつけて

キャンプ場では、静かに過ごしたい人も多く、スピーカーや楽器の使用が禁止されているキャンプ場もあります。ソロで音楽を聴きたい場合はイヤホンを使うなど周囲に配慮を。消灯時間など明確なルールがない場合でも、21時以降はなるべく静かに過ごしましょう。意外と響くクルマのドアの開閉音にも注意が必要です。

ゴミ出しのルールを守ろう

キャンプ場によってゴミ出しのルールは異なります。受付時に説明されるゴミ出しや分別のルールを必ず確認しましょう。洗い物をする際、生ゴミや油分を排水溝に流さないのは共通のマナーです。また、外出時や就寝時にゴミ袋を出しっぱなしにしておくと、鳥や動物に荒らされてしまう場合も。クルマやテントに入れて対策を。

ソロキャン女子の防犯対策

安全にソロキャンプをするためには、まず事前の下調べが大切。ファミリーの多いキャンプ場や、夜間に警備員や管理人が常駐しているキャンプ場を選びたい。また、テントの出入り口には南京錠やカラビナで外から開かないように対策し、男物のサンダルを置いて女子ひとりじゃないアピールを。周囲に危険を知らせる防犯ベルもおすすめです。出かける前に知人に目的地を伝え、こまめに連絡をするのも忘れずに。

夏場は木陰にテントを張ると涼しくて快適

居心地のいいサイトレイアウト

居心地のいいサイトづくりは場所選びから始まります。まずは、どの景色を見ながら過ごしたいのかを決めましょう。人が行き来する通路ではなく、きれいな自然を眺められる方向をテントの入り口にして、その前にリビングスペースをつくります。

さらに、地面の状態も入念にチェック。地面が斜めになっていると座り心地や寝心地が悪くなるので、なるべく平らな場所を探してテントを張ります。平らでも周りより低くなっている場所は水がたまりやすいので、雨の降りそうな日には要注意です。

季節によっては涼しい木の下を選んだり、タープを張ったりしてひと工夫。近隣のサイトからの目隠しにもなって、ひとりの時間を楽しめます。

日差しや雨だけでなく、人の目線も遮るタープ。大草原のキャンプ場に持っていきたい

地面の状態を選ばず設営できるハンモックは、雨の日のキャンプにも人気

テントの張り方

キャンプのベースとなるテント。今回紹介する、コンパクトで設営の簡単なワンポールテントと、居住性がよく雨風に強いドームテントは、ソロ用テントの基本です。はじめは難しく感じても、慣れれば10分足らずで立てられるようになります。テントを手に入れたら、近くの公園やデイキャンプで設営の練習をしてみるのもおすすめです！

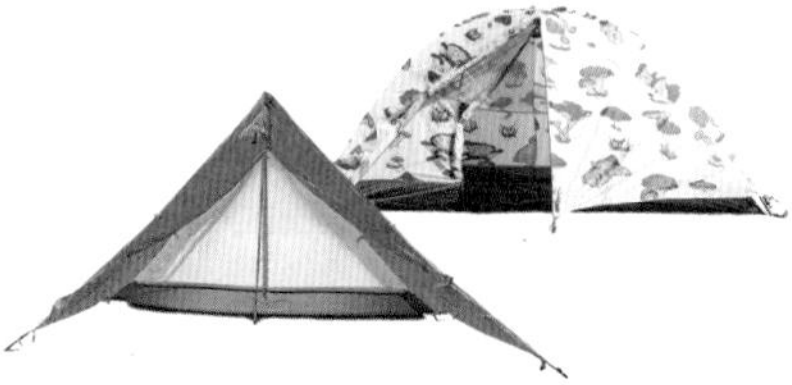

ワンポールテント

シンプルだからこそきれいに張りたい

ワンポールテント（今回はテンマクデザインのパンダを使用）、ペグ、ペグハンマー、グランドシート

1 四方をペグ打ちする

なるべく平らな地面を探して設営場所を決めたら、きれいな正方形になるようにフライシートを広げ、四方をペグ打ちする。

2 ポールを組み立てて入れる

ポールを組み立てて、フライシートの頂点に先を合わせる。テントを押し上げるようにしてポールをまっすぐに立てる。

3 グランドシートを敷く

テントの底面に合ったサイズのグランドシートを敷く。初心者のうちはそのテント専用のものを使ったほうが設営しやすい。

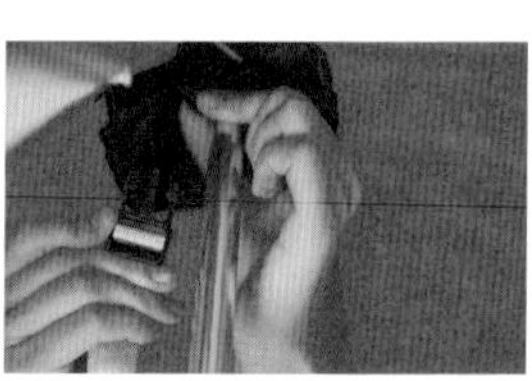

4 インナーテントを吊り下げて固定する

インナーテントを広げて、フライシートの頂点から吊り下げる。底面にあるバックルとサイドにある留め具をすべて留めて固定する。

5 残りのペグを打って完成！

テントの側面下部をペグダウンし、各所にあるベルトを引いて張り具合を調整したら完成！ 風の強い日は張り綱もペグ打ちすると◎。

ドーム テント

手順を覚えれば 簡単に立てられる

用意するもの

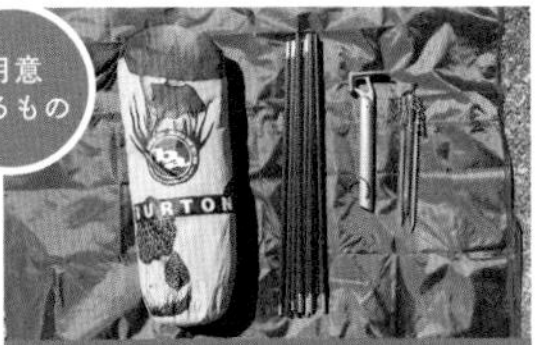

ドームテント（今回はバートンのナイトキャップテントを使用）、ペグ、ペグハンマー、グランドシート

1 グランドシートの上に インナーテントを広げる

なるべく平らな地面の上に、テント底面のサイズに合ったグランドシートを敷き、その上にインナーテントを広げる。

2 ポールを組み立てて 差し込む

ポールをすべて組み立て、2本のポールがテントの頂点のフック（布やヒモのものもある）でクロスするように差し込む。

3 テントを 立ち上げる

テントの四隅にあるハトメ（ピンタイプもある）にポールを差し込み、ゆっくりと立ち上げる。

4 吊り下げフックを かける

ポールにインナーテントの吊り下げフックをかけて、インナーテントの完成。

5 フライシートを かぶせ固定する

テントの上にフライシートをかぶせ、テント底面のバックルや内側の面テープなどでテントに固定する。

完成！

6 ペグで固定して 完成！

テントの底面部分をペグダウンして完成！ 風の強い日は張り綱もしっかり張ると◎。

上手な設営のポイント

風の強い日は 先にペグダウンを！

風があるときは、先にしっかりペグダウンすると設営しやすい。室内に風が吹き込まないようにテントの入り口は風下に向けると◎。

グランドシートは 小さめに

テントを保護するグランドシートは、底面から出ているとテントの底に水たまりができるので、テントよりひと回り小さなものを。

タープの張り方

単純な構造なので、一人できれいに張るためにはちょっぴり練習が必要なタープ。慣れてきたら気候やロケーションに合わせて自分なりのアレンジを加えると、居住性が格段にアップします。さまざまなサイズや形がありますが、手順やコツはほとんど同じ！ひとつマスターすれば、大きなタープも一人で立てられるようになりますよ！

基本の張り方

ベーシックなヘキサタープを例に

用意するもの

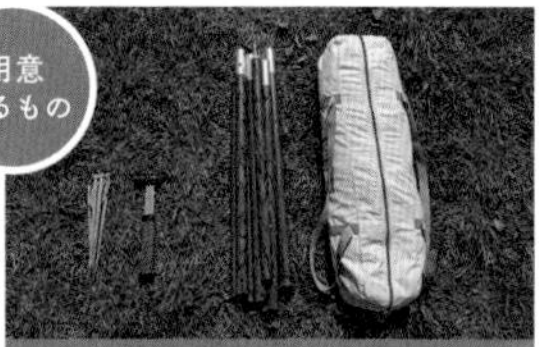

タープ（今回はチャムスのブービーTCタープウイングを使用）、ポール、ペグ、ペグハンマー

1 タープを平らに置き、ポールをセットする

タープ本体を平らに広げる。組み立てたポールの先端に、タープのハトメ、自在金具が2つ付いた二股のロープの順に引っかける。

2 二股に分かれたロープをペグダウンする

ポールの先端を頂点に、ロープで二等辺三角形ができる位置にペグを打ってロープをかける。反対も同様の手順を繰り返す。

3 ロープの長さを調整しポールを立ち上げる

自在金具でロープの長さを調整し、片方ずつポールを立ち上げる。ポールは垂直ではなく、根元を少し内側に入れると安定する。

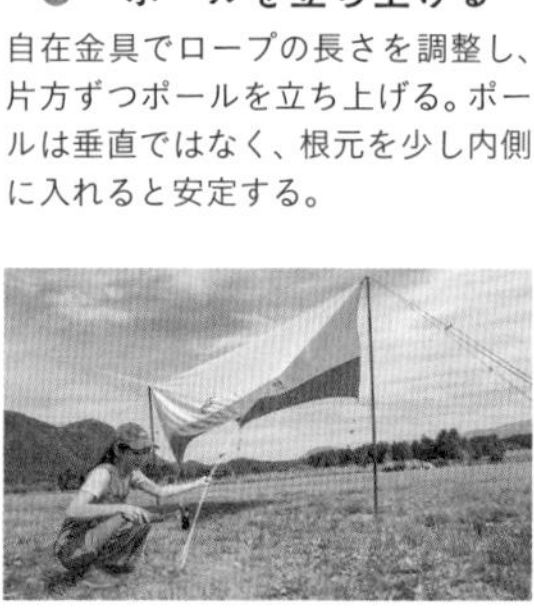

4 残りの4カ所をペグダウンする

サイドのロープを取り付け、タープを広げるように引っ張る。ひとつずつシワの出ない角度を見つけてペグダウンする。

完成！

5 自在を調整しピンと張って完成！

自在金具でロープの長さを調整して、全体がピンときれいに張れたら完成！

サブポール活用

サブポールを駆使して もっと快適なリビングに！

1 高くしたいサイドにサブポールをセット

ポールを取り付けたい場所の自在金具を調整してロープをゆるめ、サブポールをセットする。

2 サブポールを垂直に立てる

ポールがまっすぐ立つように自在金具でロープの長さを調整する。シワが出てしまうときにはペグダウンする位置を変えても◎。

3 すべてのポールを立てて完成！

出入りしやすくなり、景色もよく見えるように！ 日陰の面積を広げたり、風通しをよくしたり、いろいろなアレンジを試してみて！

小川張り

テントとリビング直結のくつろぎスペースをつくろう！

1 タープの頂点にセッティングテープを固定

テントと連結したいタープの頂点に、カラビナを使って小川張り用のセッティングテープを固定する。

2 メインポールにセッティングテープを通す

メインポールにセッティングテープとロープを通す。反対側は基本の張り方と同様にメインポールにタープ本体のハトメとロープを通す。

3 メインポールを立てる

基本の張り方と同様にロープをペグダウンして、自在金具を調整しながら片方ずつポールを立ち上げる。サイドのロープもペグダウンする。

4 タープの下にテントを立てて完成！

タープに重なるようにテントを立て、ペグダウンしたら完成！ 雨の日でも濡れずにタープの下を有効活用できます。

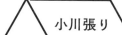

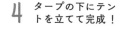

リビングスペースのコーディネート

お気に入りの道具を持ち出して、自分好みにレイアウトできるのがソロキャンプのいいところ。おしゃれなギアをお店のように飾り付けて、可愛さに浸りながらキャンプしてもよし。使い勝手を重視して、椅子から一歩も動かず料理や焚き火ができるコックピットスタイルもかっこいい。ひとりだからこそ自由なコーディネートを楽しんで！

テントの中

ベッドスペースを中心に過ごしやすくレイアウト

1.ラグや棚を使って家のような空間に　2.テント内で使いやすい吊り下げ式のLEDランタン　3.クッションや枕で過ごしやすい就寝スペースに　4.出入り口から絶景を望めるように設営するのも◎

テントの外

シンプルで使いやすい
レイアウトがおすすめ

1.ガーランドを使うとサイトが華やかに　2.スパイスボックスを使うと整頓しやすい　3.ジャグとスタンドで機能性アップ　4.ミニマムな地べたスタイルも楽しい

お昼寝に最適なハンモック。気がついたら夜になっていることも

憧れのハンモックキャンプ

コンパクトな荷物で泊まれるハンモックキャンプは、ロマンがあって憧れる人が多い、新しいキャンプスタイル。やや上級者向けですが、より自然に近い状態でアウトドアが楽しめて、ブッシュクラフト愛好家にも人気です。木が2本あれば地面に傾斜や凸凹があっても寝られるうえ、設営も撤収も楽なので気軽にキャンプに行けるように！

テントに泊まる普通のキャンプでも、ソファのようにリラックスしたり、お昼寝したりする遊び道具として使えるので、ひとつ持っていて間違いないアイテムです。設営には樹木を使用するためルールやマナーが多く、キャンプ場によってはハンモックが禁止されている場合もあるので、チャレンジする際は事前の下調べを。

日中はオープンスタイルで椅子としても使える。景色を眺めながらのんびりと過ごす

タープと蚊帳をつけて、ハンモック泊スタイルに。雨の日でも濡れる道具が少なくて◎

ハンモックの張り方

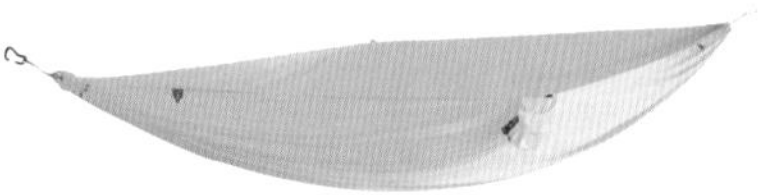

ただ木に結ぶだけだと思われがちなハンモックも、より楽に設営するための道具や、木を保護するための注意点がたくさんあります。さらに、ハンモック泊をするためには就寝スペースとしての快適さも必要。寝ているときにうっかり落ちないためにも、正しい設営の仕方をマスターするべし。慣れれば5分足らずで設営できますよ！

基本の張り方

最難関は設営できる木を見つけること！

用意するもの

ハンモック、ツリーストラップ（イノー／ヘリオスサスペンションシステム）、木を保護する布、緊急用の補修材（タフブローン）

1 幅3〜5m間隔の木を探す

一般的なハンモックに適した木の間隔は3〜5m。遠すぎるとロープが届かず、狭すぎるとハンモックが地面についてしまう。

2 樹木を保護する

キャンプ場によっては木の養生のために厚手の布やタオルが必須！私はフェルトにお気に入りの布を接着したものを使っている。

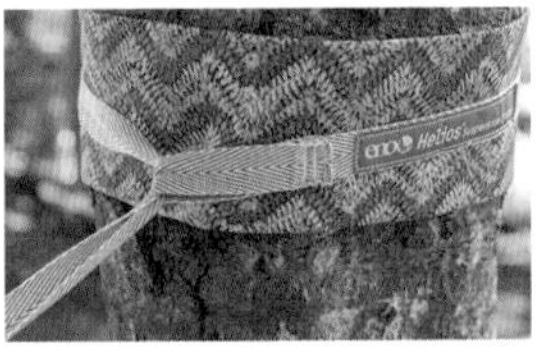

3 ツリーストラップをつける

ツリーストラップを木に巻きつける。一般的なツリーストラップであれば養生不要とされるが、念のため布の上から巻くのがおすすめ。

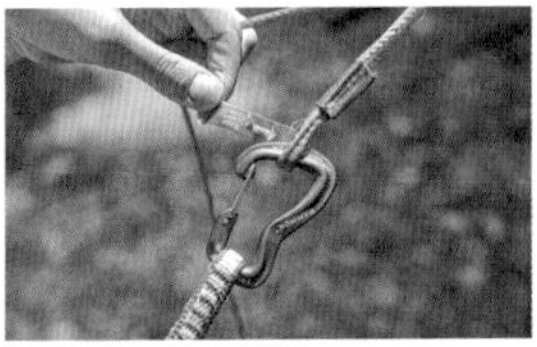

4 ハンモック本体を吊り下げる

ハンモックを広げ、ハンモックに付いているカラビナをストラップにとりつける。

完成！

5 ストラップの長さを調節したら完成！

座ったときに地面におしりがつかないよう、ストラップの長さを調節したら、あっという間に完成！

ハンモック泊

快適に夜を過ごすためのカスタムを

1 リッジラインを取り付ける

ハンモックのカラビナにリッジラインを通す。寝る際にスマホや財布を収納するのに便利！ 蚊帳を取り付ける際に必要になることも。

2 蚊帳をセットする

モスキートネット（蚊帳）をドーナツ形に持ち、ハンモックに通すようにしてカラビナに取り付ける。

用意するもの

ハンモックタープ、モスキートネット（蚊帳）、リッジライン（小物入れ）、ポール、グランドシート

3 蚊帳を整える

ハンモックの形に合わせて蚊帳を開き、反対側もカラビナに固定する。上下と出入り口の向きに注意。

4 タープを木にくくる

タープの頂点2カ所にロープを通し、養生布の上から木にくくる。

5 ポールを立て、ペグダウンする

入り口側にポールを2本立て、ロープでペグダウン。後ろ側はタープを地面にペグダウンして目隠しに。

6 自在を調節したら完成！

タープがバランスよく広がるように、自在（ロープに付いた金具）を調整したら完成！ 寝るときには入り口側のポールを低くするといい。

完成！

中はこんな感じ！

しっかり日よけと虫よけがされていて快適。地面にグランドシートを敷くと出入りの際に足が汚れなくて◎。

1.キャンプ場に積まれた薪。これを割って乾燥したものが販売される　2.焚き火を使って朝食作り。ほのかにいぶされておいしい　3.スウェーデントーチの炎はキャンドルのようにきれいに揺らめく

焚き火を楽しむ

焚き火のためだけにキャンプへ赴く人もいるほど、人を惹きつけてやまない焚き火。パチパチとはぜる薪の音や、揺らめく炎には癒やしの効果もあるとか。

友人と焚き火を囲めば自然な会話が生まれるけれど、ソロキャンプの焚き火は火と自分との対話の時間。少しずつ表情を変える焚き火を見つめていると、体験したことのない昔が思い起こされます。洞窟内で火を燃やす旧石器時代や、カウボーイが野宿でコーヒーを淹れる西部開拓時代。こうやって火はずっと人と共にあるのかな、なんて後から思い返すと恥ずかしくなる独白までしちゃいます。ただ暖をとるだけでなく、心の内側から温めてくれる焚き火は、キャンプだけで味わえる贅沢です。

焚き火のやり方

「焚き火の作法」といわれるくらい、薪の選定や着火の方法など、こだわれるポイントはたくさんあります。でも、焚き火は火がついてからが本番！と思っている私は、楽に早く火をおこしたい派。

　ここでは道具を生かして手早く火をおこす方法を紹介します。慣れてきたらファイヤースターターなどで、少しずつ火を育てる着火も試してみて！

焚き火の道具

【必須アイテム】①②大小の焚き火台。直火OKかどうか、持てる荷物の量によってセレクト　③グローブ
【着火剤や火つけアイテムは自分のスタイルに合わせて】④マッチ　⑤絶対に火がつく、文化焚きつけ　⑥麻の火口　⑦松ぼっくり　⑧ポテトチップスも焚きつけになる　⑨見た目も可愛いキャンディ型着火剤　⑩火吹き棒　⑪スライドトーチ　⑫ノコギリ　⑬アウトドアナイフは薪割りにも使える　⑭炎の色が変わる魔法の粉　⑮太陽光で着火するための水晶玉

用途によって薪の種類を変えると◎

薪の使い分け

スウェーデントーチ

地面に丸太をそのまま立てて燃やすスウェーデントーチは、独特な炎の揺らめきがきれい。上に鍋を置いての調理にも使いやすい。

広葉樹

カシやナラなどの広葉樹は着火が難しいが、一度火がつけば火持ちがよく、煙やススも少ないため、焚き火の中盤から使うのがおすすめ。

針葉樹

スギやマツなどの針葉樹は、油分や空気が多く含まれて燃えやすいので、焚き火の序盤にバトニングとして使おう。薪割りや運搬も楽。

薪の割り方

バトニングと呼ばれる簡単な薪の割り方

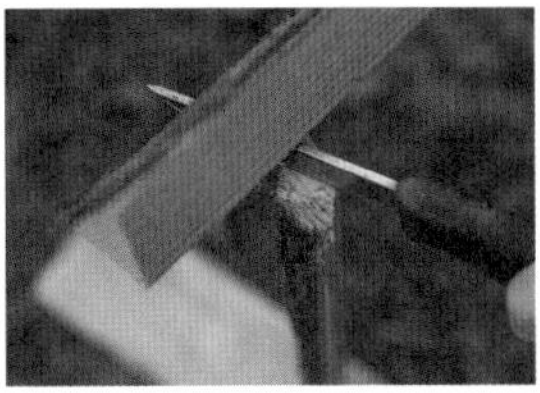

1 樹皮は焚きつけに

着火に適した針葉樹を用意する。樹皮は燃えるので、付いていれば剥がして焚きつけにする。

2 太い薪にナイフを打ち込む

平たい薪を土台に、割りたい薪を立ててナイフを当てる。別の薪でナイフの背を叩いて打ち込む。

3 土台に打ちつけ薪を割る

ナイフが十分刺さったらしっかり握り、薪ごと土台に打ちつける。少しずつナイフが進んで割れる。

基本の火起こし

小さなものから徐々に大きく

1 焚きつけを焚き火台に置く

樹皮や落ち葉、松ぼっくりなどの焚きつけを焚き火台に置く。ポテトチップスや麻ひも、割り箸もよく燃えるので、いろいろ試すと楽しい。

2 細い薪を組む

細い薪を焚き火台に組む。少し乱雑に、空気の通り道を開けて組むと燃えやすい。

3 焚きつけに火を入れる

下の焚きつけに火をつける。自然と下から上に燃え広がるので、薪に火がつくまでは火吹きしない。

4 あとは見守るだけでOK

ある程度火が強くなったら、徐々に太い薪をくべて見守るだけでOK。火が弱くなったら細い薪をくべると火力が上がる。

火つきが悪ければ着火剤を

あまりに火がつかなくてどうしようもないときは、着火剤を使えば嘘のように火がつく。もちろん最初から使ってもOK！

熾き火を楽しもう

炎を上げずにチロチロと揺れる熾き火は、私がいちばん好きな薪の状態。実は調理に最適で、量を調節すれば火加減も変えられる。

スウェーデントーチ

北欧発祥の焚き火で
特別な時間を

1 中心に焚きつけを差し込む

スギの葉など焚きつけをスウェーデントーチの中心に差し込む。着火剤でも可！

2 焚きつけに火をつける

差し込んだ焚きつけのなるべく下のほうから火をつける。上だけ燃えていかないように注意。

3 見守る

あとは見守るだけで中心部分からじわじわ炎が広がる。キャンドルのような状態になればバッチリ！

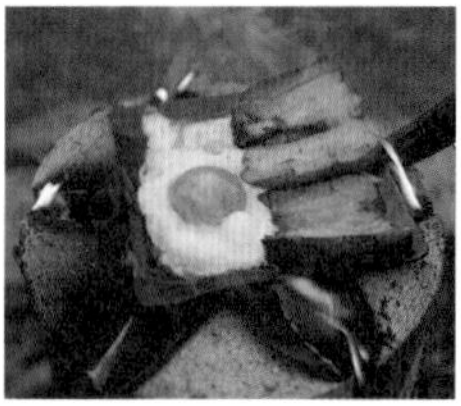

五徳いらずで料理にも

燃やし始めのスウェーデントーチの上面は平らで安定しているので、鉄板やダッチオーブンを乗せて料理に使える。

消えずに燃え続ける

切り込みから空気が入り、中で熱が閉じ込められるので燃焼の三要素がうまく働き、消えることなく燃え続ける。

もっと楽しむ！ 焚き火活用

眺めて楽しむカラフル焚き火

市販されている魔法の粉を使うと、炎色反応で焚き火がオーロラのようにカラフルに変化する。投入後の調理は避けて。

杉板を使ったロイムロヒ

サーモンをスギ板に打ちつけ、じっくり焼きあげる北欧料理、ロイムロヒ。焚き火ならではのワイルドな料理。

後始末

最後までしっかり
見届けてこそ一人前

1 終わりを見据えて燃料を使う

終了の1時間前には薪の投入をやめる。重なっている薪は広げて細かく砕き、なるべく早く燃え尽きるようにする。

2 火消しつぼでしっかり消火

どうしても燃え残ってしまった場合は、密閉できる火消しつぼに入れて消火する。水をかけての消化は危険なのでNG。

3 残った灰は炭捨て場へ

残った灰はサイトに埋めずに、キャンプ場の炭捨て場へ。持ち帰りの場合はよく冷まして、自治体のルールに従って捨てる。

焚き火のルール&マナー

風の強い日にはやらない

風が強いと火の粉が舞いやすく、テントや芝生に燃え移り火事になる恐れがあるので、焚き火は控えて。

直火をしたら現状復帰を

直火可能のキャンプ場でも、直火をしたら焚き火跡はそのままにせず、帰る際に現状復帰を心がける。

火を消しきってから就寝する

突風や薪が崩れたときに対処できず危険なので、焚き火中は目を離さず、最後まで見届けてから就寝する。

直火不可の場合は焚き火台を使う

近年は多くのキャンプ場で、地面で直接火を焚く直火が禁止され、焚き火台使用がルールとなっている。

紙を途中で投下しない

燃え盛る焚き火に紙を投入すると、上昇気流に乗って燃えたまま空中を舞うこともあり危険。

火に強い服装で

火がつくと燃えやすい素材の服は避けて。防寒で着たい場合、上から難燃ウェアを羽織ること。

ソロキャンプの過ごし方

ひと言でソロキャンプといっても、過ごし方は人それぞれ。ここでは、私が好きなキャンプでの過ごし方と、モデルプランをご紹介します。

のんびり
リラックスキャンプ

キャンプそのものを存分に楽しむリラックスキャンプ。お気に入りの道具を並べて、焚き火を眺めながらのんびりする贅沢な時間を満喫できます。キャンプだからと特別なアクティビティは用意しないで、いつもの休日と同じように本を読んだりお昼寝したりするだけでも、自然のなかで心も体も癒やされて、明日から頑張ろう！という前向きな気持ちに。周りを気にせず自分だけの時間を過ごせるのは、ソロキャンプならではの楽しみ方です。

1.お昼寝していたら、馬が起こしにきてくれるキャンプ地　2.まったり過ごすから、自然の移り変わりにも気づきやすい　3.カフェで出てくるようなフレンチトーストを作って、ひとりで食べちゃう　4.季節の食材を使って午後のティータイム　5.日が暮れたら焚き火を眺めてホッとひと息。とにかく自由に過ごしましょう。

6.その日の気分で、好きな茶葉を選んで持っていく　7.マットに寝転んでゲームで遊ぶと、ちょっと背徳感があって楽しい　8.カセットテープレコーダーのまろやかなアナログの音がキャンプに合う

6

7

8

モデルプラン

12:00	チェックイン時間に キャンプ場到着。
12:30	のんびりテント設営。
13:00	簡単にできるもので ランチ＆カフェタイム。
14:00	読書やゲームなど のんびりと過ごす。
17:00	日が傾いてきたら 夕食の準備。
	時間がたっぷりあるので ちょっと凝ったご飯を。
18:00	焚き火をしながら夜ご飯。
20:00	iPadにダウンロードしてきた 映画を鑑賞。
22:00	疲れたら好きなタイミングで 就寝！

2

3

4

5

地図を片手にお散歩キャンプ

せっかく遠くまで行くキャンプ。ガイドブックや観光協会でもらえる地図を持ってキャンプ場周辺を散策するのがおすすめです。下調べして寄り道したい観光スポットを見つけてもいいし、歩きながら気になる路地を進んでいくのも冒険気分で楽しい。無人の販売所で野菜を買ったり、道端でくつろいでいる猫に挨拶しようと思ったら逃げられてしまったり。周辺の雰囲気も含めてお気に入りのキャンプ場が増えていきます。

モデルプラン

9:00	キャンプ場に行く前に、朝市や資料館など朝からオープンしている施設に遊びに行く。観光協会でパンフレットをGETしてもよし！
12:00	チェックインして簡単にテント設営。（高価なキャンプ道具はテント内にしまい鍵をかける）
13:00	近くのカフェでランチタイム。
14:00	トレッキングや街ぶらお散歩を楽しむ。
17:00	夕暮れ時は海や展望台で夕日を眺める。
18:00	地物を使ってご飯を作る。ときには居酒屋で郷土料理を。
20:00	翌日行きたいスポットなどをチェックして就寝。

観光協会にある地図を手に入れて、冒険の始まり！

1

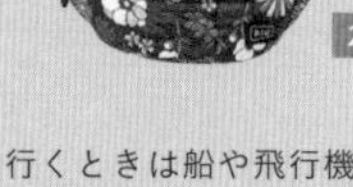

2

3

1.遠くに行くときは船や飛行機の中でガイドブックを読み込んで、気になるスポットをチェック　2.散策用のキウのボディバッグに貴重品を入れて身軽に歩きまわる　3.突然の風雨に備えてレインウェアも携帯する

4

5

6

4.この先に絶景がある気がする……！と、遊歩道を突き進んでみる　5.切り立った崖がRPGゲーム感をさらに盛り立てる　6.疲れたら足湯に浸かってHPを回復。キャンプ場までもうひと息！

食材を調達！釣りキャンプ

誰もが一度は憧れる、無人島でのサバイバル生活。自分のご飯を自分で調達する釣りキャンプは、サバイバル生活のライトプラン！キャンプ場に寝床を作ったら、釣竿を持って近くの川や堤防に繰り出し、ひたすら魚を狙います。たくさん釣れた日の豪華な夜ご飯も、まったく釣れない日の質素な夜ご飯もいい思い出に。釣りにはルールが多く、遊漁券が必要な場合もあるので、慣れないうちは道具のレンタルもできる釣り堀から始めるのがおすすめです！

1.初夏はフライフィッシング！ 食べたいけれど我慢してスポーツとして楽しむ 2.釣り堀なら初心者でも大物が狙えるかも！ 3.船に乗って沖まで釣りに行くときはクーラーボックスを忘れずに 4.自然渓流を使った釣り堀で釣れたきれいなヤマメ 5.川魚は炭火で塩焼きにするのが最高！ 6.堤防釣りは見慣れない魚も釣れておもしろい！

モデルプラン

12:00 チェックイン時間にキャンプ場到着。

12:30 ささっとテント設営。

13:00 近くの釣具屋さんで仕掛けを購入。
そのとき釣れている魚の情報と
釣り場を教えてもらう。

14:00 堤防に行って釣りの時間。
買ってきたおやつをつまみながら
魚を待つ。

18:00 釣れた魚で調理開始！

19:00 新鮮な魚を使った夜ご飯を食べる。

21:00 翌日の早朝釣りに備えて早めに就寝。

3

4

5

6

7
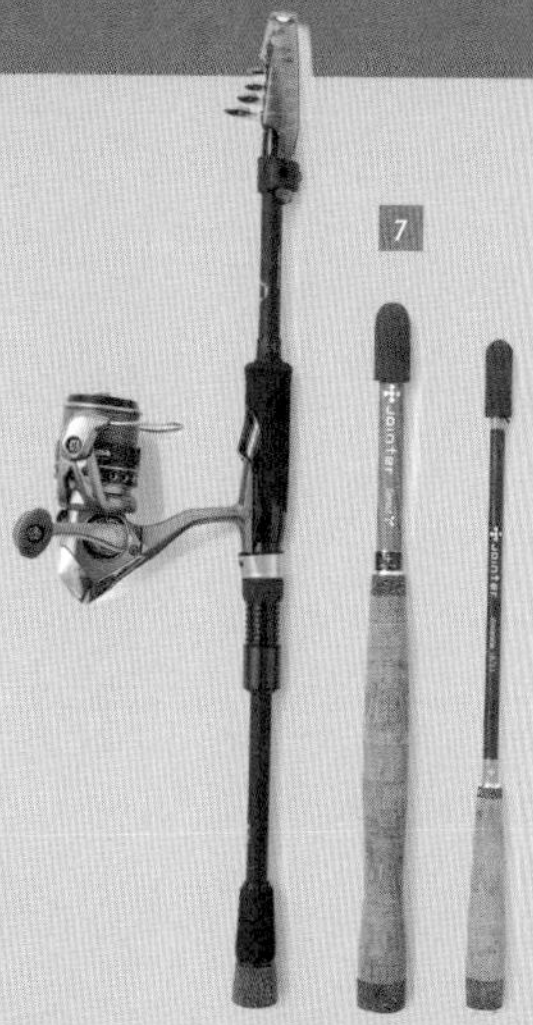

8

9

7.行き先に合わせて釣り竿を変える。ジョインターのコンパクトなものをセレクト　8.サビキ釣りに欠かせないコマセ（餌）は携帯しやすいチューブタイプがおすすめ　9.救命胴衣はベルトタイプが使いやすい

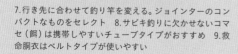

心地よく体を動かす ウォーター スポーツキャンプ

運動が好きじゃない私も楽しめる、ウォータースポーツキャンプ。湖や海の目の前のキャンプ場に泊まって、疲れたらテントで休憩しながらまったりと遊べるアクティビティです。

ハードに思えるカヌーやカヤックも、湖面にたゆたいながらボーッと過ごす時間が長くてまったりしているし、シュノーケリングだって、水面に浮かんでお魚を眺めているだけで楽しめます。慣れないうちは体験教室で習いながら、心地よく体を動かしてみましょう！

1.シュノーケルマスクを使って沖縄の海で海中散歩。潜らずに水面をたゆたうのも楽しい　2.キャンプ場からカヌーで出発！ 吹き抜ける風が気持ちいい　3.伊豆の海はおさかな天国！ 魚の多さに驚くはず　4.春は潮干狩りで貝を探すのも楽しい！ そのままキャンプ場で酒蒸しに……

1

2

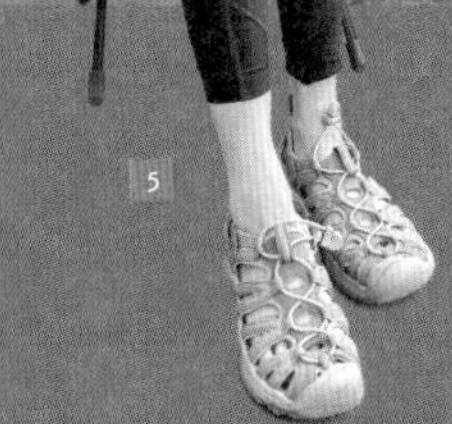

5

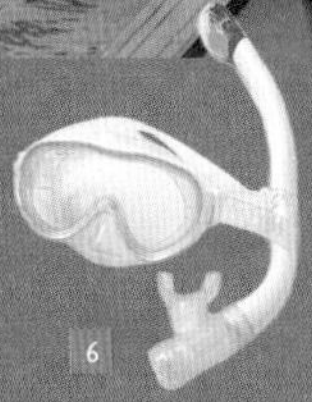

6

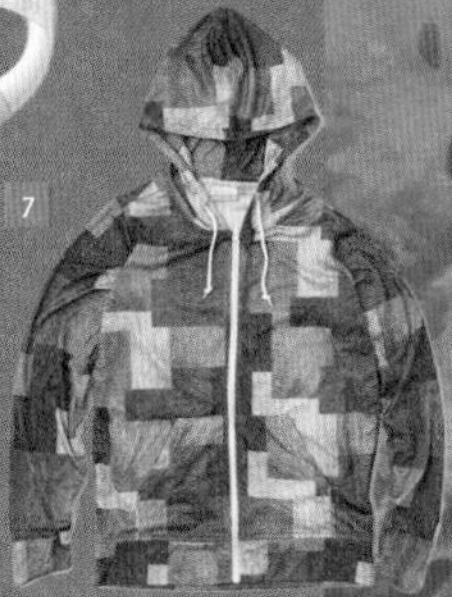

7

3

5.岩場の海岸ではつま先がガードされたサンダルがおすすめ　6.島キャンプに行くときは必ずシュノーケルとマスクを持っていく　7.日焼けしないように、ラッシュガードとしても着られるウェアを一枚持っていきたい

4

モデルプラン

11:00　キャンプ場近くのショップでカヤックをレンタル。

12:00　湖でまったり水上をお散歩。風に流されて必死に漕ぐことも……。

15:00　キャンプ場にチェックイン。テントを設営する。

16:00　体を動かしておなかが減っているので、ご飯を作りながらどんどんつまんでいく。

18:00　焚き火を見ながらボーッとする。

20:00　体を動かすと眠くなってしまうので、早い時間に就寝。

Column 3

キャンプでの虫対策

　虫のいないキャンプ場はありませんが、少しの工夫で虫と出会いにくくはなります。まず、明るいライトは少し離れたところに置き、テーブルの上は暗めのライトをセット。虫は明るいほうに引き寄せられていきます！

さらに蚊取り線香は風上に置いて、自分がしっかりと煙に包まれるようにしましょう。どうしても虫が苦手な人は、秋〜春の虫が少ない時期に、川や池、森やヤブから離れたキャンプ場をチョイスしてみて！

上／蚊取り線香スタンド　左下から／屋外用に作られた噴射タイプの蚊よけKA・KO・I、殺虫ライトでテント内に入ってしまった虫を処理してくれるモスキーランタン、体や布製品に吹きかける、いい香りのアウトドアボディスプレー

Part 3

ソロキャンプで料理を楽しむ

ソロキャンプのご飯づくり
は大人のおままごと！

ソロで楽しむキャンプご飯

ソロキャンプでいちばん楽しいのは料理を作っているとき。おままごと気分で1人分の食材をちまちまと切ったり焼いたり並べたり……。おうちと違って便利な家電はないけれど、時間はたくさんあるから気のおもむくまま好きな料理が作れます。沈んでいく夕日を眺めながら、小腹が減ったら途中でおかずをつまんでもいいし、全部完成するまで待って豪華なおひとり様ディナーを撮影するのもいい。この自由さこそがソロキャン飯の最大の魅力!!大勢で行くキャンプでは失敗を恐れて定番料理を作りがちだけど、ソロなら失敗しても落ち込むのは自分だけ。普段よりもちょっぴり冒険して、作ったことのない料理に挑戦してみましょう！

1.テーブルが小さいときは、メスティンの上だって立派な調理スペース　2.でもやっぱり広いと快適！ 凝った料理を作りたいときには大きめテーブルで　3.沖縄でオリオンビールとソーキソバ。その土地のものを食べるとおいしく感じる　4.鮮度抜群！ 自分で釣ったニジマスをアクアパッツァに

＼もりふうみ愛用／

クッキングギア＆テーブルウェア

❶テーブルにつけられるDODのキッチンペーパーホルダー　❷コールマンのポップアップ式ゴミ箱　❸自作のミニスパイスボックス　❹アイアンクラフトの大きいお鍋用の五徳　❺SOTOのCB缶用バーナー　❻MSRのOD缶用バーナー　❼ミニおろし金　❽2個用エッグケース　❾エコ洗剤（詰め替えて使用）　❿カッティングボード　⓫計量用ミニシェラカップ　⓬OLFA WORKSのブッシュクラフトナイフ　⓭モンベルで買ったナイフ　⓮テンマクデザインのホットサンドメーカー　⓯メスティン　⓰ニトリのスキレット

ソロキャンプ用のクッキングギア&テーブルウェアはとにかく実用性重視！ まな板にもお皿にもなるカッティングボードや、計量にも炊飯にも使えるシェラカップなど、荷物を軽く、洗い物を少なくするために、２ＷＡＹで使えるアイテムがおすすめです。あと、個人的にフライパンから直接食べるのが好きじゃないので、お弁当箱みたいなメスティンや鉄板みたいなスキレットなど、直食べしても気にならないクッキングギアを好んで使っています。

⑰食卓を明るくするテーブルラグ　⑱サラダを入れたり混ぜたりするのにも便利なボウル　⑲スタッキングできるように組み合わせたセリアの木皿　⑳振り出し式のお箸　㉑とにかくいっぱい持っていくシェラカップ　㉒まな板にもなるシェラカップのフタ　㉓ご飯がきれいに写るホーローの食器　㉔いただき物のアンティークティーセット　㉕スプーンとフォークは荷物のサイズに合わせて

ソロキャンプ飯TIPS 基本編

下ごしらえ

ソロキャンプ飯に欠かせないのが下ごしらえ。食材を無駄にしないためにも、荷物を減らすためにも、必要な分だけ小分けにして持っていきます。使うときは料理番組みたいにそのままお鍋に入れていくので、計量カップも不要！ 野菜もあらかじめ洗っておけばキャンプ場で寒い思いをしなくてすむし、椅子から動かず作業できるので、のんびり過ごしたい人にぴったり。そのための準備は、翌日のキャンプをシミュレーションしているみたいで意外と楽しいです。

❶ミニトマトやお肉はパックがかさばるので小分けにして ❷レモンやレタスは使いきる量をラップに包むと鮮度が落ちにくい ❸ニンニクはあらかじめ皮をむいて、ジャガイモもしっかり洗ってから袋に入れている ❹100円ショップに売っている食品袋は可愛いものが多いので、調味料をキッチンから少しだけ持ち出すのに便利 ❺バターも小分けにされているものを必要な分だけ持っていく

メスティン炊飯

キャンプでお米を炊くのって大変そう！と思いがちだけど、1人分ならお弁当箱みたいな形のメスティンで簡単に炊けます。コツはしっかりお米に水を吸わせること。慣れればメスティンから聞こえる音で、時間を測らなくてもご飯が炊けるようになります。メスティンはキャンパーにとって万能調理器のようなもの。炊飯だけでなくパスタを茹でたり、お肉を焼いたりといろいろな調理に使えるので、悩んだら最初に買うのがおすすめです。

1 お米を量って洗う

お米1合分を洗い、メスティンに入れる。お米は家で量ってもいいし、シェラカップに1合分の目盛りが付いているものもある。

2 水を入れ吸水させる

リベット（ハンドルを止めるメスティン内の丸ポチ）が半分浸かるまで水を入れ、フタを閉める。夏は30分、冬は1時間ほど浸しておく。

3 火にかける

バーナーにメスティンを乗せ、沸騰するまで中火で熱する。噴きこぼれ始めたら弱火にして10〜15分。チリチリ音がしたら火を止める。

4 フタを取らずに保温

タオルなどでメスティンを包み、保温しながら10分ほど蒸らす。

完成！

5 ほかほかご飯の完成！

しっかりと米粒が立ったご飯が完成！ 風が強いときには風防を使うと◎。端が生煮えになってしまう場合は、熱が全体に行き渡るようバーナーパッドを使うのがおすすめです。

メスティン応用術

ほったらかし炊飯

旅館で見るような固形燃料を使用すれば、火力の調節が不要になり、ほったらかしで炊飯が可能。その間にバーナーで別の料理も作れる！

セパレート炊飯

クッキングシートを使えばお米0.5合とおかずの同時調理も。出来上がりもお弁当のようで可愛い。「メスティン折り ハーフ」で検索！

＼もりふうみ流／

ソロキャンレシピ

パパッと一杯！

3種のおつまみ

キャンプ場に着いたらすぐに飲みたい方のための簡単レシピ。キャンプサイトが一気に居酒屋へ様変わりします。

長芋の鉄板焼き

材料（1人分）

● 長芋……200g ● 麺つゆ……小さじ2 ● ほんだし……小さじ2 ● うずらの卵・青ネギ……お好みで

作り方

スキレットにおろした長芋と麺つゆ・ほんだしを入れ混ぜる。中火で縁が焦げるまで焼き、青ネギとうずらの卵を盛り付けて完成。

クリームチーズディップ

材料（1人分）

● クリームチーズ……100g ● クラッカー……適量 ● ラムレーズン、ナッツ、メープルシロップ……お好みで

作り方

クリームチーズに具材を入れ混ぜ、クラッカーを添えて完成。たくあん、青ネギ、柚子こしょうと混ぜ、海苔と一緒に食べてもおいしい。

マグロの塩漬け

材料（1人分）

● マグロ（刺身用のサク）……1パック

● 塩、わさび……適量

作り方

マグロ全体に塩をふりかけて20分ほど置く。流水で塩を流してキッチンペーパーで水気を切って盛り付ける。わさびを添えて完成。

とろ～りチーズの
シュクメルリ

鶏肉をたっぷりのニンニクとクリームソースで煮込んだジョージアの伝統料理。疲れた体に染みわたる、簡単で濃厚なレシピ。パンにつけてもご飯にかけてもおいしい。

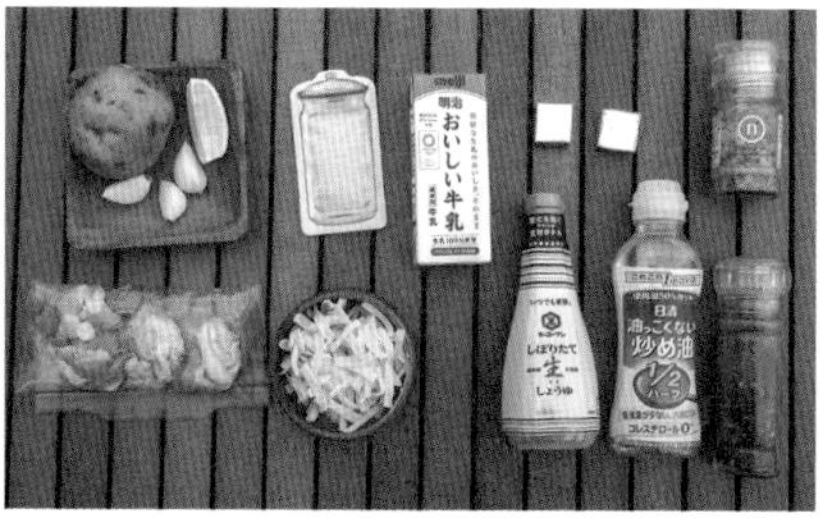

材料（1人分）

- 鶏もも肉……1口大4個
- ジャガイモ……1/2個
- 牛乳……150cc
- バター、ホワイトシチューの素……15gほど
- サラダ油、塩、こしょう、醤油……適量
- ニンニク、ピザ用チーズ……好きなだけ
- レモン、パセリ、フランスパン……お好みで

作り方

1 鶏肉を焼く

スキレットにサラダ油をひき、塩・こしょうした鶏肉を中火で焼く。皮面がよく焼けたら裏返し、すりおろしニンニクを入れる。

2 牛乳とバターで煮込む

ニンニクの香りが立ったら牛乳とバターを入れ、弱火で5分ほど煮る。茹でたジャガイモとシチューの素を入れ、さらに弱火で5分煮込む。

3 チーズをかけて完成

最後にレモンと醤油で味を調え、チーズを好きなだけかけて完成。

焚き火で燻す

自家製ベーコン

じっくりと長時間焚き火で燻すベーコンは、ソロキャンプにぴったりのアクティビティ。その場で削いでつまんだり、料理に使ったり。残りは持って帰れば、家でもキャンプ気分。

材料（1人分）

- 豚バラ肉ブロック……1.5kg
- 岩塩……50g
- 三温糖……25g
- ニンニク……2片
- 唐辛子、ローリエ、黒こしょう……適量
- ステンレスS字フック４つ、トライポッド

作り方

1 肉に塩を揉み込む

ニンニクはすりおろし、岩塩、三温糖、黒こしょうと混ぜ合わせる。豚肉にフォークを刺してまんべんなく穴をあけ、全体に調味料をまぶす。

2 数日寝かせる

ローリエと唐辛子を添えてジップロックに入れ、空気を抜く。密閉した状態で冷蔵庫で1〜4日ほど寝かせる。

3 焚き火で燻す

焚き火の上にトライポッドを置き、S字フックでベーコンを吊るす。最低4時間燻して完成。焼けているか心配ならフライパンで加熱を。

アレンジその1

ベーコンキャベツアンチョビ丼

ベーコンとアンチョビの塩気とキャベツの甘みがおいしいカフェご飯風レシピ。メスティンで炊いたご飯の上にのせていただく。

材料（1人分）

● キャベツ……こぶし大 ● アンチョビ……2枚 ● ニンニク……1片 ● ご飯……1人前 ● ベーコン、オリーブ油、塩、こしょう……適量

作り方

1 ベーコンを炒める

メスティンでご飯を炊いた後、フタにオリーブ油をひき、スライスニンニクとベーコンを香りが立つまで炒める。

2 キャベツとアンチョビを投入

キャベツとアンチョビを加え、塩・こしょうをし、キャベツがしんなりするまで炒める。

3 盛り付けて完成

ご飯の上に盛り付け、最後にお好みで温泉卵をのせて完成。醤油をひと回しすると風味が豊かになり、さらにおいしい。

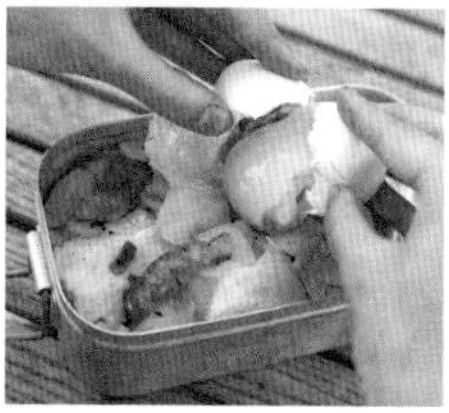

アレンジその2

ベーコンカマンベールアヒージョ

手間がかかりそうなアヒージョもスパイスを使えば簡単に！ 具材やパンをチーズフォンデュのようにつけて食べるとおいしい。

材料（1人分）

● カマンベールチーズ……1個 ● ベーコン、冷凍ブロッコリー、オリーブオイル、ほりにし（アウトドアスパイス）……適量

作り方

1 オリーブオイルで具材を煮込む

スキレットにオリーブオイルを1cmほど注ぎ、カマンベールチーズ、ベーコン、ブロッコリーを入れて火にかける。

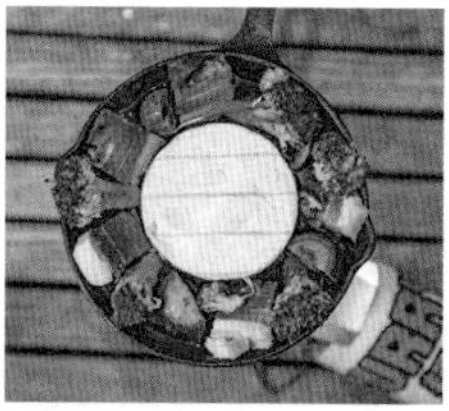

2 アウトドアスパイスをかける

ふつふつとしてきたら、アウトドアスパイスほりにしを5回ふりかける（食べるときに足せばいいので少なめで◎）。

3 チーズを切り開いて完成

カマンベールチーズが柔らかくなるまで煮込んだら、ナイフで上部をくり抜いて完成！

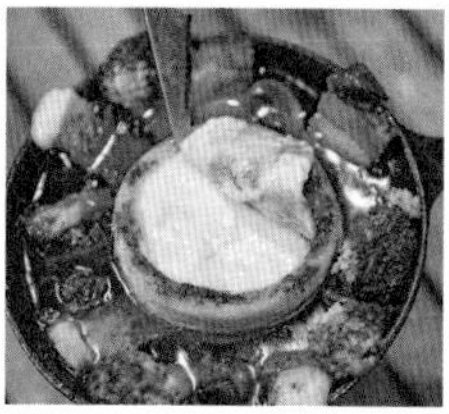

シーズニングで簡単！

タコライス

暑い夏にも寒い冬にも、スパイスが効いていておいしいタコスミートを使ったご飯。シーズニングを使えば、あれこれ調味料を持っていかなくても作れるので有効活用したい！

材料（1人分）

- レタス……こぶし大
- S＆Bタコライスシーズニング……1袋
- ミニトマト……6個
- 牛豚合びき肉……160g
- ピザ用チーズ……好きなだけ
- ご飯……1人前

作り方

1 ご飯を炊き、野菜を切る

メスティンでご飯を炊いておく。ミニトマトを1/4に切り、レタスは一口大にちぎる。

2 ひき肉を炒める

メスティンのフタでひき肉を炒め、火が通ったら水とシーズニングを加え、水分がなくなるまでさらに炒めれば、タコスミートが完成。

3 盛り付けて完成

炊きあがったご飯の上に、レタス、タコスミート、チーズ、トマトの順に盛りつけて完成！

午後のおやつに

ホットサンドアップルパイ

手軽な焼きマシュマロもいいですが、ちょっと凝ったアップルパイを作れば、優雅な午後のひとときが過ごせます。オーブンを使わずに作れるので、家でのお菓子作りにも。

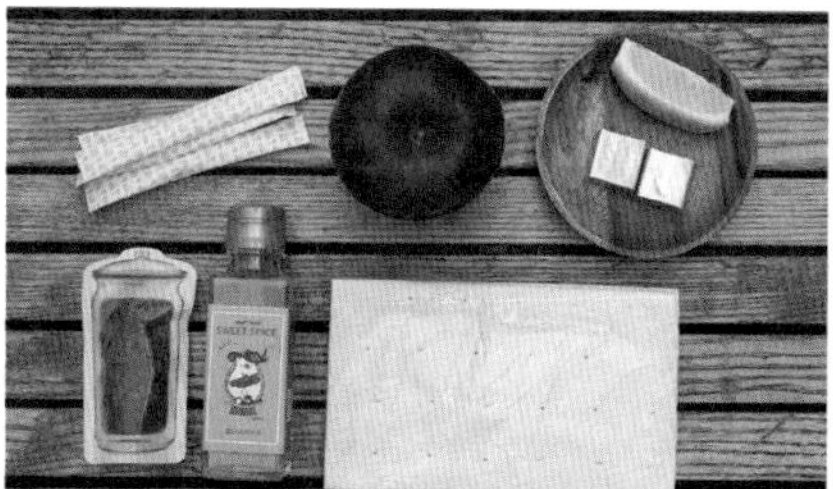

材料（1人分）

- リンゴ（紅玉）……1個
- 冷凍パイシート……1枚
- レモン……1/8個
- バター……15g
- 砂糖、ラムレーズン……30g
- motteco甘いスパイス……適量

作り方

1 アップルフィリングを作る

いちょう切りのリンゴ、砂糖、バター、ラムレーズンを水分がなくなるまで混ぜながら煮る。レモン、motteco甘いスパイスをかけて冷ます。

2 パイシートで包む

解凍したパイシートをホットサンドメーカーのサイズに合わせて2枚に切り、フィリングを挟んで端をフォークでつぶすように押さえる。

3 ホットサンドメーカーで焼く

ホットサンドメーカーを閉じて弱火にかけ、まんべんなく火が入るように、ときどき様子を見ながら焼いて完成！

ソロキャンプ飯TIPS 応用編

コンビニ食材をアレンジ！

ソロキャンプではもっぱらカップ麺だけど、たまには料理もしたい！

そんな人におすすめなのがコンビニ食材。すでに出来上がっている食材を使えば、少しの材料であっという間においしいソロキャンプ飯ができちゃいます。準備に時間がかからないので、ささっと作りたい朝ご飯や、アクティビティをメインにしたキャンプのお昼ご飯にもぴったり。

今回は、ホットサンドメーカーだけで作れる、おいしいコンビニキャンプ飯をご紹介します。

❶ホットサンドに使う食パンは厚めがおいしい　❷最近は夏でも売っている肉まん、ピザまんをアレンジするのもおすすめ　❸冷凍餃子はキャンプ場に着くまでにほどよく解凍される　❹きんぴらごぼうもソロにちょうどいいサイズでうれしい　❺とろけるチーズや海苔もコンビニで買える

焼いてもおいしい！

肉まんホットサンド

肉まんをホットサンドメーカーに入れ、挟んで焼くだけの簡単調理。『ゆるキャン△』で話題になったレシピで、ほかでは味わえないサクサク感がおやつや朝食にぴったり！ 加熱が必要な肉まんを使うと固くなってしまうので、一度温められて冷めた肉まんを使うと◎。

ビールのお供に！

鉄板マヨ餃子

冷凍餃子をホットサンドメーカーに並べ、フタをして数分焼く。焼けたら上からマヨネーズ、醤油、motteco鉄板スパイスをかけて完成！ お祭りの屋台飯のようなジャンキーさが後を引くおいしさ。YouTuberいろはキャンプさんに教えてもらい、何度もリピートしている。

きんぴらとチーズが溶け合う

和風ホットサンド

食パンにきんぴらごぼう、チーズ、海苔を挟み、ホットサンドメーカーで焼く。きんぴらの甘みとチーズが妙にマッチして予想外のおいしさ！ コンビニではいろいろなお惣菜が売られているので、キャンプごとに、自分好みの組み合わせを試すのも楽しい！

釣った魚のさばき方

魚を釣ってキャンプ場でそのまま食べる！ 憧れのキャンプスタイルだけど、魚の下処理ってちょっと面倒くさそう……と考える人も多いはず。でも、キャンプ場併設の釣り堀で釣れるニジマスなどの川魚は、割り箸で簡単に下処理ができるし、海の堤防から気軽にサビキ仕掛けで釣れるイワシは、すべて手作業で食べやすい開きにできます。大漁になっても、これさえ覚えればバッチリです。レッツ釣りキャンプ！

イワシの手開き

1 手でアタマを落として内臓を取る

ナイフで軽くウロコを取り、①イワシの頭の付け根に親指の爪を立てて、下に折るように頭を落とし、②おなかの薄い皮を破ってワタを取り除く。

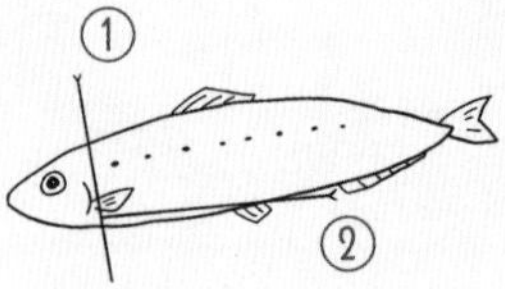

2 親指を差し込み、身を開く

サッとおなかや表面の汚れを洗い落とし、キッチンペーパーで水気を拭き取る。親指を腹に入れ、中骨に沿うようにして丁寧に身を開く。

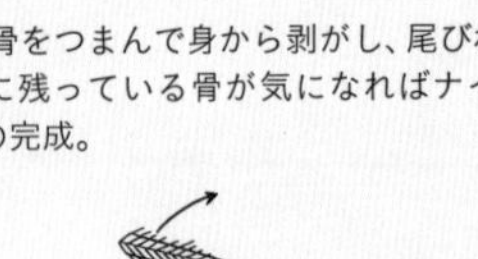

3 中骨を剥がしてヒレを取る

頭側から中骨をつまんで身から剥がし、尾びれの手前で折る。③身に残っている骨が気になればナイフで削いで、手開きの完成。

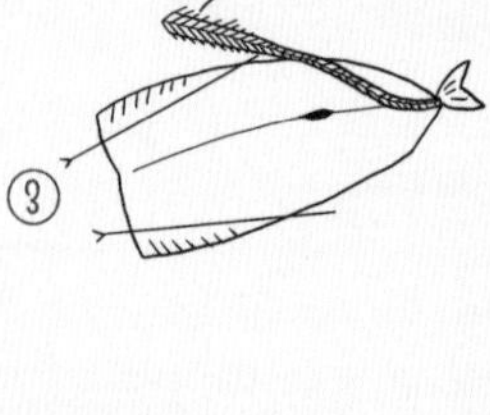

川魚のツボ抜き

1 割り箸を口から入れる

粗塩を魚にすり込んで、水で流してぬめりを取る。割った箸を口から入れ、一度エラから出して、エラのすぐ後ろの身（エラ蓋）に突き刺す。

2 突き当たるまで割り箸を押し込む

そのまま割り箸を力を入れずに突き当たり（肛門のあたり）まで押し込む。反対側も同様の手順を繰り返す。

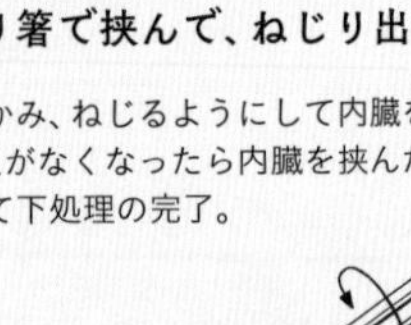

3 割り箸で挟んで、ねじり出す

割り箸をつかみ、ねじるようにして内臓を身から引き剥がす。手応えがなくなったら内臓を挟んだまま口から引きずり出して下処理の完了。

塩焼き以外でもおいしく！

ニジマスの香草ホイル焼き

シンプルな塩焼きもおいしいけれど、たくさん釣れたら少しアレンジしていろいろな味を楽しんでみるのがおすすめ！ 香草ホイル焼きは、臭みが消えて身もふわふわに仕上がります。

材料（1人分）

- ニジマス……1尾
- レモン……1/2個
- バター……15g
- 塩、こしょう……適量
- 香草（ローズマリー、タイムなど）……1束
- トマト、しめじ……好きなだけ

作り方

1 具材を準備する

ニジマスの口から香草を入れ、塩・こしょうをする。アルミホイルを二重に敷いてレモン、ニジマス、レモンの順に置き、野菜を添える。

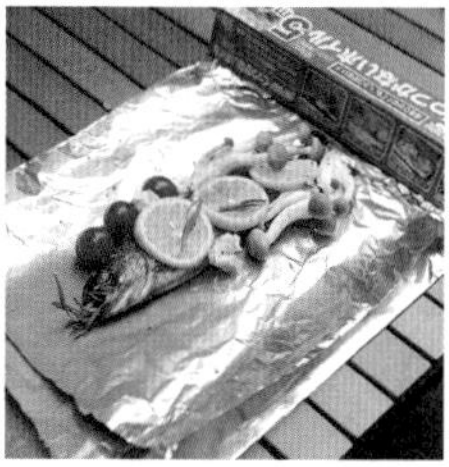

2 アルミホイルで蒸し焼きに

アルミホイルでしっかりと包み、両端をギュッと閉じて、炭火でじっくり蒸し焼きにする。

3 焼けていたら完成

20分ほどしたら、アルミホイルを開いて焼け具合を確認する。食べるときにお好みで醤油をかけてもおいしい。

人気ソロキャンパーの簡単レシピ

natsucamp さん

初代ソロキャンプ女王。YouTubeでソロキャンプの様子や簡単アウトドア料理を紹介。著書に『ソロキャンごはん』（学研）がある。

ワインにぴったり

ゴルゴンゾーラとトマトのナッツ和え

ゴルゴンゾーラの味がクセになる、ワインにピッタリのおつまみ。火を使わずに作れます。

材料（1人分）

- ゴルゴンゾーラ……45g
- ミニトマト……1パック
- お好みのナッツ（クルミがおすすめ）……20g
- ブラックペッパー、はちみつ……少々
- オリーブオイル（エクストラヴァージン）……お好みで

作り方

1 具材をカットする

ミニトマトは半分にカットする。ゴルゴンゾーラとナッツを粗めに砕いておく。

2 すべて和える

すべての具材を和え、ブラックペッパーを好きなだけふる。

3 はちみつをかけて完成

はちみつをかけて完成。お好みでオリーブオイルをかけてもおいしいです！

my.camp.styleさん

髪型を変えるように季節に合わせたさまざまなキャンプスタイルを楽しむキャンプ女子。年間40泊以上キャンプに行く。

ごま油香る！

鉄板ポークライス

大人も子どもも大満足できる超簡単なキャンプご飯です！ 味付けは自分好みのスパイスでアレンジできるので、いろいろ試してみてください。

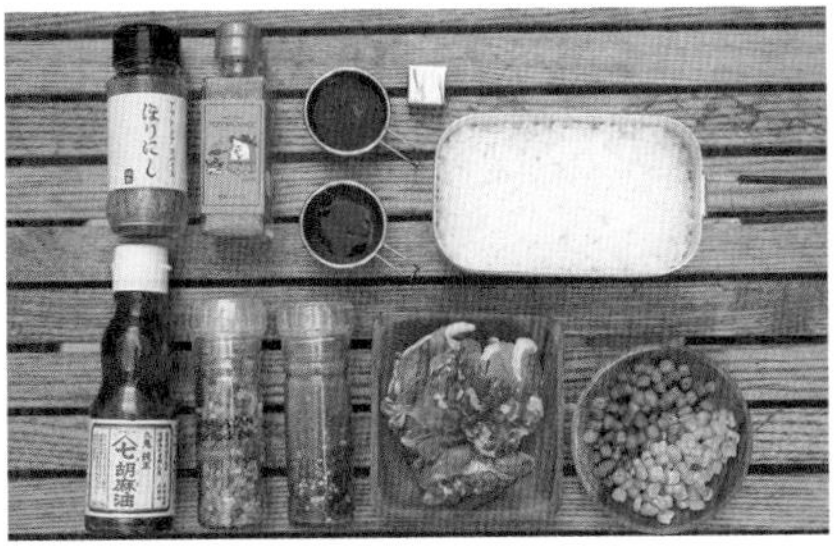

材料（1人分）

- 豚肉こま切れ……100g
- ご飯……好きなだけ
- バター……15～20g（お好みで）
- コーン、カットインゲン……適量
- 塩、こしょう、お好きなスパイス……少々
- 焼肉ソース（甘口）、コチュジャン、ごま油……適量

作り方

1 ご飯をセットし豚肉を焼く

ふっくら炊いたお米をスキレット（もしくはフライパン）にドーナツ形に入れ、周りに豚肉を敷き詰めて焼く。

2 具材をのせる

一度火を止め、真ん中の穴にバターを入れて、その上にコーン、カットインゲンをのせる。全体に塩とこしょうをふりかける。

3 味付けして完成

ご飯の上に焼肉ソースひと回しとコチュジャンをかけて火にかける。香りづけのごま油を鍋肌に回し入れ、混ぜ合わせながら焼いて完成。

脇田 唯さん

北海道を拠点にするタレント。アウトドアチーム Nompass立ち上げや、紅櫻アウトドアガーデンキャンプ場のプロデュースも手がける。

ちゃんちゃん焼き風

鮭の炊き込みご飯ちゃん

塩昆布の旨みが合わさり、簡単に風味豊かな炊き込みご飯になります。味変でバターを合わせてもおいしいです！

材料（1人分）

- 鮭の切り身……1切れ
- 塩昆布……少々
- 味噌・みりん・酒……大さじ1
- 米……1合
- 水……180cc

作り方

1 調味料を溶かす

メスティンに米を入れ、水を注いで吸水。調味料をすべて入れて軽く溶かす。

2 具材をのせる

米の上に鮭をそのままのせ、周りに塩昆布を適量散らす。

3 ご飯を炊いて完成

フタをして加熱し、沸騰したら弱火にして10分ほど炊く。火が消えたら10分蒸らして完成。食べるときに鮭をほぐしながら混ぜて食べる。

あらなみパパさん

キャンプが好きすぎる3児の父。YouTubeでキャンプ動画を配信中。キャンプ道具を自作、企業とコラボし製品化を果たす。

メスティンを有効活用！

ほったらかし 煮込みハンバーグ弁当

クッカーひとつ、燃料ひとつで、ご飯とおかずを同時調理。これぞメスティン革命！ほったらかしで完成する簡単レシピです。

材料（1人分）

- 米……0.5合
- 水……90cc
- 市販生ハンバーグ……100g
- 玉ネギ（中）……1/4スライス
- しめじ、パプリカ、ししとう、パセリ……お好みで
- ちょっとだけデミグラスソース（HEINZ）……1袋

作り方

1 おかずを詰める

メスティンにクッキングシート（メスティン折ハーフを2つ）を入れ、片側に野菜・しめじ・ハンバーグを詰め、デミグラスソースをかける。

2 お米を入れる

別の容器で30分ほど吸水させていた米を、もう片方のクッキングシートへ入れる。

3 ほったらかしで完成

コンロに30gの固形燃料を置き、着火してほったらかし。火が消えてから10分蒸らし、フタを開けパセリを少々かけて完成！

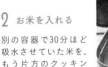

キャンプに行けない休日の過ごし方

街なかにあるから気軽に行けちゃう！

1 アウトドアカフェでキャンプ気分

一度ハマると、いつでもどこでもキャンプのことを考えてしまうのが、キャンプの楽しさであり、恐ろしいところ。家でネットサーフィンしながら欲しいギアを探すのもいいけれど、私のおすすめは、アウトドアをモチーフにしたカフェでのんびりすること。まだ知らないキャンプご飯のヒントにも出会えるかも。

ogawa GRAND lodge CAFE

名作テントのピルツをイメージした、可愛らしいシェラカップスイーツがおすすめ

老舗アウトドアブランドogawaのテント内でゆったりと過ごせるカフェ。テントが並べられた店内は、まさにキャンプ場のよう！ 1Fのショールームではアウトドアギアの購入もできる。

所 東京都小平市花小金井4-34-6
（GRAND lodge小平2F）
tel 042-452-5367 休 火曜、年末年始
営 11:00～21:00
（L.O.ドリンク20:30、フード20:00）
url https://www.grand-lodge.jp/

REWILD OUTDOOR TOKYO

昼の木漏れ日や夜の暗闇など、時間帯によって店内の照明が変わるのも魅力

鳥の声や川のせせらぎが聞こえる店内は、都会にいることを忘れさせてくれる。自分で挽いた豆でコーヒーを淹れたり、お好みのチップで燻製したりと、充実したアウトドア体験ができるカフェ。

所 東京都中央区日本橋茅場町2-1-13 信光ビル1階
tel 03-6661-1290 休 土・日・祝日
営 ランチタイム 11:00～14:00
キャンプ体験タイム 14:00～22:00（水曜は14:00～17:00）
url https://rewild-camping.com/cafe/outdoor-tokyo/

オリジナルシェラカップをはじめ、キャンプをモチーフにしたアウトドア雑貨の購入もできる

Outdoor cafe テント

ふかふかな人工芝が敷き詰められた、キャンプサイトのようなカフェ。スキレットで食べるドライカレーセットがおいしい！　棚に並んだキャンプ本を読みながら、裸足でくつろげるお店。

所 東京都江東区木場2-18-14
SeaPlace木場ANNEXビル7階
tel 03-5875-9560　休 不定休
営 11：00〜22：00（日曜・月曜は〜17：00）
url https://freesite.co.jp/

アメ村にあるので、周辺のアウトドアショップ巡りの休憩に立ち寄ると、充実の休日に！

CAFE&BAR REVARTI

さまざまなハンモックが吊り下げられたアウトドアカフェ。お気に入りのハンモックを見つけたら、座ったり寝転んだりしながら自由な時間を楽しもう。昼はフリードリンク制でまったり過ごせる。

所 大阪市中央区西心斎橋2-13-16
GATOWEST 2F
tel 06-6210-5929　休 無休
営 11：00〜23：00（L.O.22:00）
url https://revartimail.wixsite.com/revarti

台湾のアウトドアショップ。旅行中も頭の中はキャンプだらけ

2

アウトドアショップで道具沼にハマる！

一度立ち寄れば、あれもこれも欲しくなって2時間は抜け出せなくなる様子から、「沼」と呼ばれるアウトドアショップ。いろいろな道具を手に取って見ることのできるショップ巡りは、まさにキャンプに行けない休日の理想的な過ごし方！　思わず買ってしまった道具を家で眺めながらニヤニヤするまでが、アウトドアショップ探訪です。

アルペンアウトドアーズ

定番のギアはもちろん、キャンプで使えるお皿や布物などの雑貨も一緒に置いてあるのが魅力。アパレルの品揃えも豊富！

所 札幌発寒・柏・ららぽーと横浜・ららぽーと沼津・ららぽーと愛知東郷・春日井・京都宇治・明石大蔵海岸・宇多津・福岡春日・フレスポジャングルパーク（鹿児島）

url https://store.alpen-group.jp/outdoors/overview/

WILD-1

テンマクデザインのアイテムをはじめ、初心者でも使いやすいギアが豊富。店舗ごとのご当地シェラカップも集めたくなる！

所 仙台泉・仙台東インター・郡山・水戸・イオンモールつくば・宇都宮駅東・小山・西那須野、高崎・伊勢崎・ふじみ野・入間・越谷レイクタウン・印西ビッグホップ・幕張・デックス東京ビーチ・多摩ニュータウン・厚木・名古屋守山・京都宝ヶ池・ブランチ博多
url https://www.wild1.co.jp/

モリパーク アウトドアヴィレッジ

広大な敷地にメーカー直営店やレストランなどが並ぶアウトドア専門のショッピングモール。自然が多く、歩くだけでも楽しい。

所 東京都昭島市田中町610-4
tel 042-541-0700　休 水曜
営 11:00～20:00（土・日・祝日は10:00～20:00）
url https://outdoorvillage.tokyo/

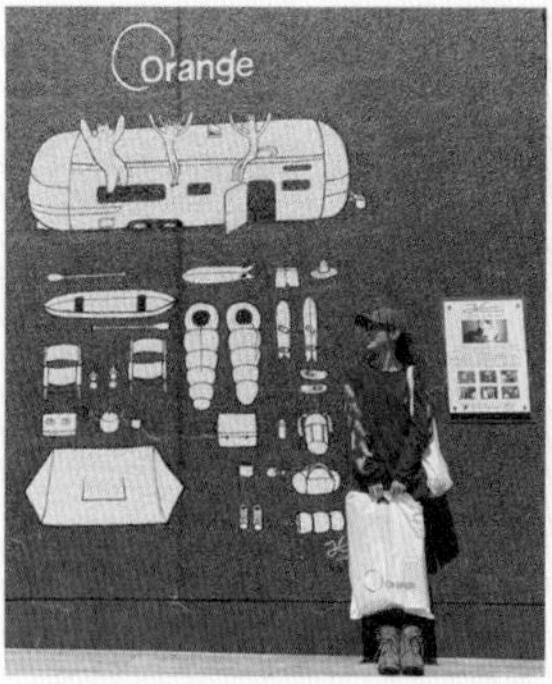

オレンジ

ガレージブランドのギアやオリジナルコラボ商品など、珍しいアイテムが盛りだくさん！ 本店にはコールマンの博物館も。

所 和歌山・なんばパークス・茨城古河
url https://shop-orange.jp/

秀岳荘

所 北海道札幌市白石区本通1丁目2-14
tel 011-860-1111
休 水曜　営 10:30~19:30
url https://www.shugakuso.com/

北海道でアウトドア用品といえば、このお店！ 品揃えが豊富で、登山やカヌーなどキャンプ以外の品も充実している。

＼自分だけの道具を見つけよう／

ヴィンテージショップの魅力

人とは違うアイテムを使いたい人におすすめなのが、ビンテージギアを取り扱うショップ。遥か海外から買い付けられたギアは、まさに一点モノです。

JAM-DAY

倉庫型の店内に、アメリカンビンテージギアやアンティーク食器が並ぶ。レトロで温かみのあるグッズは、どれもおしゃれ！

所 愛知県名古屋市南区宝生町3-7
tel 052-691-7005　休 水曜　営 11：00～19：00
url https://www.jam-day.com/

ガジェットモード

イギリスから直輸入されたおしゃれなヨーロピアンギアがそろう。予約制の倉庫には、なかなか出回らないビンテージテントも。

所 東京都立川市富士見町5-6-15
YAMASアパートメント1F
tel 042-519-8074　休 月曜　営 12：00～20：00
url https://www.gadgetmode.jp/

3
自宅でできちゃう！燻製作り

外出するのもおっくうな日には、家の中でキャンプ気分になれる燻製作りを。部屋の中が煙臭くなりそう、と思うかもしれませんが、加熱時間が短い熱燻なら、ほんのり香る程度。冷蔵庫の余り物でも、燻製したら立派なおつまみになります。キャンプチェアを組み立てて、焚き火の動画を見ながら食べれば、たちまちお部屋がキャンプ場に！

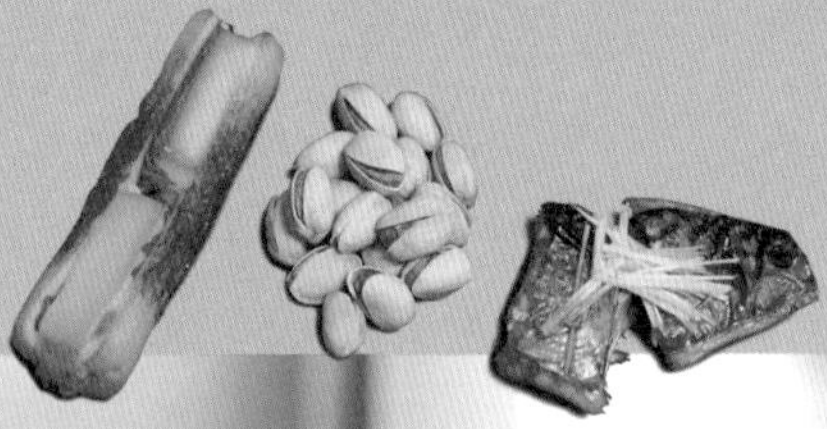

キッチンのコンロで
簡単にできる熱燻

燻製

個人で簡単にできる燻製は、温燻と熱燻の2つがありますが、家の場合はコンロを使って短時間で仕上げる熱燻がおすすめ。

必要な道具

熱燻用のスモーカーとお好みのウッドチップを用意。私はキャメロンズのミニストーブスモーカーと、和の燻製のチップを使っている。

材料

冷蔵庫にある適当な食材でOK。おすすめは、コンビニのサバの塩焼き、ピスタチオ、アーモンド入りベビーチーズ、梅しそチーズちくわ。

作り方

1 下準備

水分の多い食材はキッチンペーパーの上に置き、数時間、風通しのいいところで水分を飛ばす。スモーカーの底にはウッドチップを敷く。

2 食材をセット

網の上に食材を置く。小さいナッツはアルミホイルで皿を作り、溶けやすいものや水分の出るものはクッキングシートを敷くと◎。

3 20分ほど燻す

スモーカーを弱火にかけ、20分ほど燻す。ときどき蓋を開け、食材についた水気をキッチンペーパーで拭き取るとおいしくできる。

4 燻製の完成！

燻製後、一晩冷蔵庫や風通しのいい場所に置くと、味がまろやかになり、さらにおいしい！ 待ちきれない人は、すぐ食べてもOK。

完成！

4
ギアDIYのススメ

DIYって大がかりで難しそうに聞こえるけれど、実は100円ショップで売られているアイテムだけでも世界にひとつのオリジナルギア作りができます。じっくりヤスリがけをしたり、あれこれ悩みながらペイントしたり。小物なら机の上で1〜2時間作業すれば完成します！

DIYのギアには愛着がわき、キャンプサイトでも特別な存在になりますよ！

ワークショップなら
本格DIYも体験できる

DIYなら色や形も自分好みに仕上げられる

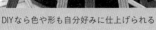

スパイスボックス

ソロキャンプの調味料は、小分けにして収納すると使いやすくなります。100円ショップアイテムを使って、おしゃれなスパイスボックスを作ってみましょう！

材料と道具

木製トレイM 2個、ハンドル93mm古色仕上げ、蝶番22mm 6P古色仕上げ、アーチ型留め金 古色仕上げ、ドライバーセット、ボンド（すべてセリア）

作り方

1 ペイントするなら最初に！

きれいに仕上げたい人は、木製トレイをヤスリがけして、耐久性の上がる蜜ロウワックスを塗り込むと◎。色をつける場合もこのときに！

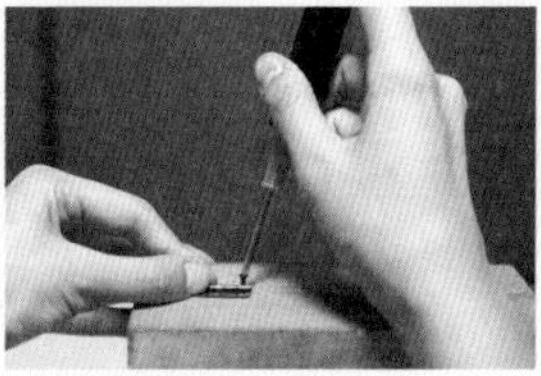

2 蝶番を取り付ける

木製トレイを2つ重ね合わせ、ずれないように印をつけてから蝶番を取り付ける。キリで下穴をあけると取り付けやすい。

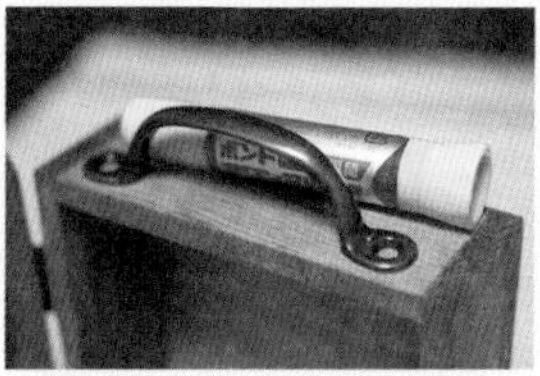

3 ハンドルを付ける

好きな位置にハンドルを取り付ける。付属のネジが長く、トレイからはみ出してしまうので、ボンドで接着すればOK。

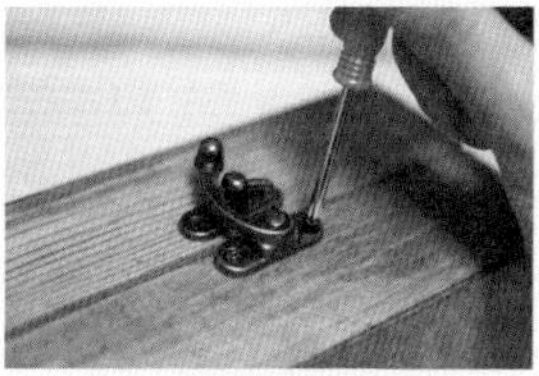

4 留め具を付ける

閉じたときに勝手に開かないように、アーチ型の留め具を取り付ける。こちらも、ずれないように印や下穴をあけて慎重に。

完成！

5 オリジナルのカスタムを

今回はセリアのランプフックを付けてカスタム。木製トレイの縦横を変えると雰囲気も変わるので、自分好みの形で作ってみよう！

OD缶カバー

ランタンの燃料として必須のOD缶。カバーでロゴを覆えば、サイトに統一感が生まれます。今回はピクニックバスケット風のカバーの作り方をご紹介します。

材料と道具

OD缶、クラフトテープ（お好みで1〜3色）、ボンド、洗濯バサミ、定規、ハサミ、ペン、結束バンド、デコレーション用の花かざり（お好みで）

作り方

1 縦糸を作る

結束バンドなどを使って、縦糸になるクラフトテープを4本取りに割く。濃い色のクラフトテープがおすすめ。

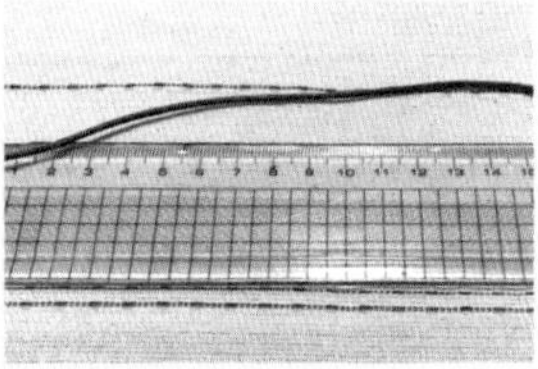

2 縦糸を切り分ける

1の縦糸を、長さ23cmずつ計23本に切り分ける。同じく4本取りのクラフトテープを、缶の口のサイズ＋のりしろ1cm分の長さで切る。

3 横糸を作る

横糸として、2本取りのクラフトテープをなるべく長く割く。カードやクラフトテープを使って割くこともできる。

4 編み始めを作る

OD缶の口に合わせて切ったテープにボンドで縦糸を接着、洗濯バサミでしっかり固定する。乾いたら、口の部分を丸く接着する。

5 交互に編み進める

缶の形に合わせて横糸を交互に編む。洗濯バサミで仮止めしながら編むときれいに仕上がる。横糸はボンドで継ぎ足してもOK。

6 縦糸を処理する

OD缶を覆えるまで編んだら、6本取りのクラフトテープを縦糸で巻くように収める。縦糸は横糸の中に差し込んで固定する。

7 デコレーションをつける

お好みでデコレーションして完成。編み飛ばしてしまったところもごまかせる。雨が心配なら、ニスを塗ると少し水に強くなる。似たような手順でCB缶カバーも製作できる。

完成！

＼ ワークショップで ／

溶接DIYに挑戦！

なかなか手の出しづらいアイアンの溶接も、ワークショップならマンツーマンで教えてもらえるので安心。今回はFe☆NEEDSで焚き火ロストルを自作しました！

Fe☆NEEDSは、溶接機メーカーSUZUKIDが運営する溶接の体験工房。鎌倉と中目黒に店舗があり、ワークショップでは溶接機の使い方を丁寧に教えてもらえる

まずは、用意してもらった鉄材を切断。専用の機械を使うので、火花が散らずにスッと切れるのがおもしろい

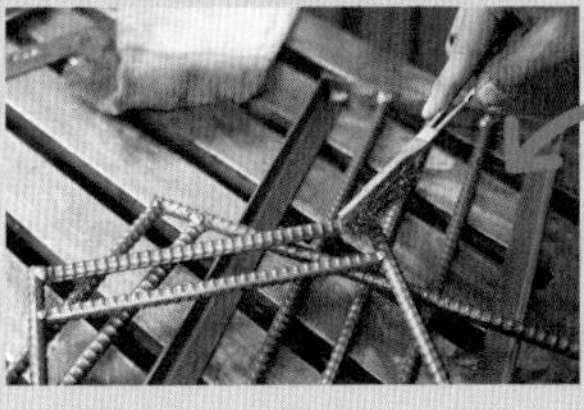

鉄を溶かしながら接着する。すぐ近くで見守ってもらえるので初心者でも安心！ 仕上げの調整もしてもらえる

完成！

自作の焚き火ロストル。焚き火の上に渡してスキレットを置くほか、サイドテーブルとしても使える。かっこいい！

火花が出ると自動で遮光される最先端の溶接面！ 保護具も貸してもらえます

Column 4

キャンプギアの収納

　最初はキャリーバッグに収まるほどしかなかったキャンプ道具も、気がつけばどんどん増えて収納場所に困ってしまうことも。クルマに積みっぱなし、物置に入れっぱなしもいいのですが、おすすめは風通しのいい部屋で「見せる収納」をすること！ 私は和室の押し入れの扉を外してアウトドアショップのように並べることで、キャンプに行くときにもセレクトしやすく、メンテナンスも思い立ったらすぐにできるようにしています。

室内にテントを立ててキャンプ部屋をつくると、いつでもおうちキャンプができる！ これもキャンプに行けない休日の楽しみ方。リビングにキャンプチェアを置いて普段使いする人も多い

Part 4

クルマでソロキャンプ

クルマで出かけるキャンプの魅力

身軽に徒歩キャンプもいいけれど、クルマを使うとキャンプの幅がグッと広くなります。今まで持っていけなかった大型ギアを持っていったり、山奥の絶景キャンプ場に行ったり……。RPGゲームで、船を手に入れて今まで行けなかった場所にたどりついたときの感動に似ています。冬場は寒さ対策で荷物がどうしても多くなってしまうので、クルマを使ったキャンプがおすすめ。

　オートキャンプはもちろんですが、クルマを車中泊仕様にすると、さらに気軽にキャンプに行けるのも魅力のひとつ。テントの設営がいらないので着いてすぐに自然のなかでくつろげるし、1日で行くには遠いキャンプ場にも、クルマで仮眠しながら向かうことができます。

車内をカスタムするのは少し大変ですが、雨が降りそうな日にはテントを持たずにキャンプができるし、何かあったら（たとえテントを忘れても！）クルマで寝られる安心感もあって、とにかく楽チンな車中泊。レイアウトの楽しさはちょっぴり減りますが、選択肢が増えることで一年中キャンプを楽しめるようになります！

オートキャンプ

- 大型のギアを持っていける
- 公共交通機関がない場所にも行ける
- 寄り道や買い出しも自由にできる

車中泊キャンプ

- 仮眠をしながら遠くまで行ける
- どんな天気の日でもキャンプしやすい
- 設営の手間が少し省ける

＼もりふうみの／

軽キャンパー大公開！

免許を取って初めて買ったのが、ホンダのバモス ホビオ。小さな軽バンなので運転しやすいのに、荷室が広くて大きなキャンプ道具の積載はもちろん、車中泊までできるのが魅力。1年かけて少しずつ改造を進めて、ようやく立派な車中泊車になりました。ごろごろお昼寝しながら過ごせるので「なまけもの号」と命名し、日本中を駆けまわっています。

生産が終了していたので中古を探して購入。自然になじむクリーム色は純正色で、お気に入りポイントのひとつ。カスタムの様子は、ホンダアクセスのWEBメディア『カエライフ』にて連載中！

カーテン

運転時に視界のじゃまにならないように、常設のカーテンと取り付けのカーテンを使い分けている。荷室の窓はマグネット着脱式の木枠窓をDIYしてお部屋感をアップ。ログハウス風で可愛い！

ルーフラック

中古で購入したときから付いていた、純正のオプションパーツ。スペースに制限のある軽自動車だからこそ、高さを生かした収納がうれしい。寝袋や椅子、取り外し式のカーテンなどを収納している。

天井

もともとの内張りを剥がして、断熱材を入れて板張りに変更。バンライファー鈴木大地さんと一緒に2日で改造した。車内がやさしい木の香りに包まれ、見た目にも広くなったように感じる。

テーブル

荷室の壁にはテーブルを設置。車内でのパソコン作業や、少しご飯を食べるときに便利！ 使わないときは折りたためるので、キャンプ道具をたくさん積みたいときにもじゃまにならない。

床

最初に改造したのがここ。床をフルフラットにすることで、家と同じように快適に就寝できる。フローリングシートを貼っているので掃除も簡単！ 濡れた道具もそのまま置ける。

ベッド

ニトリの3wayごろ寝クッションをマット代わりに。常設のベッドも憧れだけど、キャンプ道具を積むときにじゃまになる可能性も考えてマットを使用。折りたためば座椅子にもなる。

シェルフ

こちら側はシェルフ兼マガジンラックを設置。テーブルもシェルフもフックで取り付けたので、好きなときに取り外せる。ヘアブラシやスマホなどをちょっと置きたいときに便利！

軽キャンパー改造の軌跡

フルフラット化

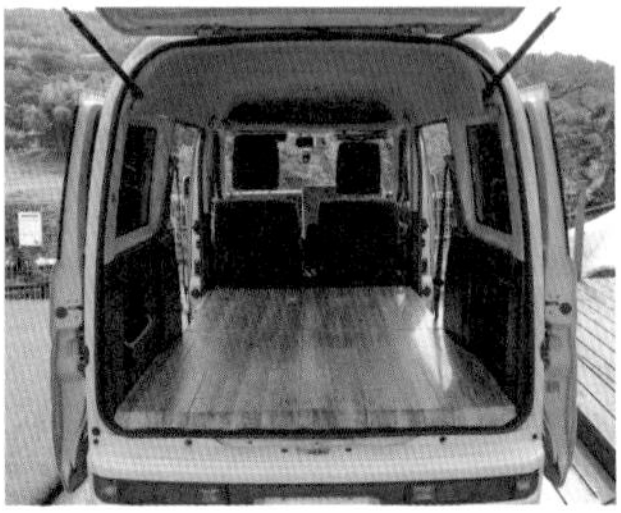

1 後部座席から荷室にかけての凸凹に合わせて木材を配置。床部分が安定するように格子状に配置して組み、ビスで止めた。

2 車内の形に沿うように型紙を取り、ホームセンターでレンタルしたジグソーで床部分をカット。少し歪んでしまった。

3 フローリングシートを強力両面テープで貼り付けて完成。後部座席のヘッドレストは家で保管し、床を取り外せば4人でも座れるようにしている。

カーテン設置

1 もともとは100円ショップのカーテンレールを室内灯に固定していたが、天井を板張りにしたので、ヨートーフックに変更。

2 ニトリの遮光カーテンを取り付け、使わないときには視界を遮らないようクリップ型のタッセルを使いコンパクトに収納。

3 居住スペースに座ったまま開け閉めが可能。日が昇っても気づかず、遅くまで寝てしまうことも。サイドカーテンは磁石で取り外せる。

天井板張り

1 運転席の後ろで内張りをカットして剥がし、防音・防寒のために天井に直接断熱材を貼り付けた。

2 梁のように木材を組み、パネリングという木材を天井に合わせてカット。フィニッシャーで固定した。

3 ログハウス風の仕上がりで、室内が広く見えるように。ところどころ磁石を仕込み、天井にモノを下げられるようにしている。

＼ 改造はしたくない人に ／

車中泊快適化アイデア

普通のクルマで快適に車中泊をするための
おすすめアイテムを5つご紹介します！

マット

キャンプでも使うインフレータブルマットを、倒した後部座席に敷いて凸凹を軽減。寝るときには高くなっているほうを頭にして寝る。

シュラフ・ブランケット

家の布団を使ってもいいけれど、コンパクトに収納できるシュラフがおすすめ！ 車内は外気の影響を受けやすいので、冬は厚手のものを。

シートポケット

携帯やお財布などがいつの間にか消えてしまうのが、車中泊七不思議。小物を整理できるシートポケットがあると、とっても便利！

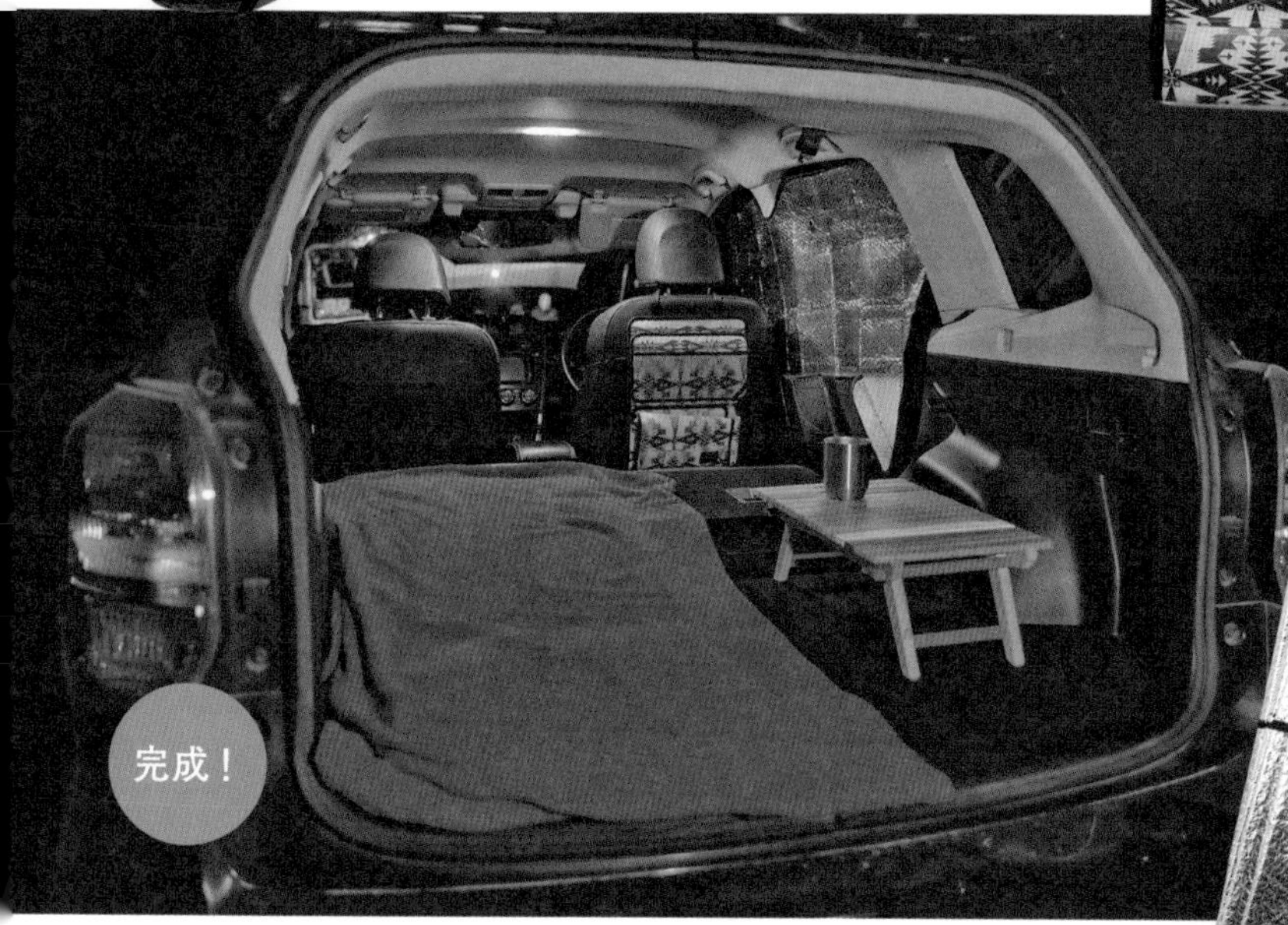

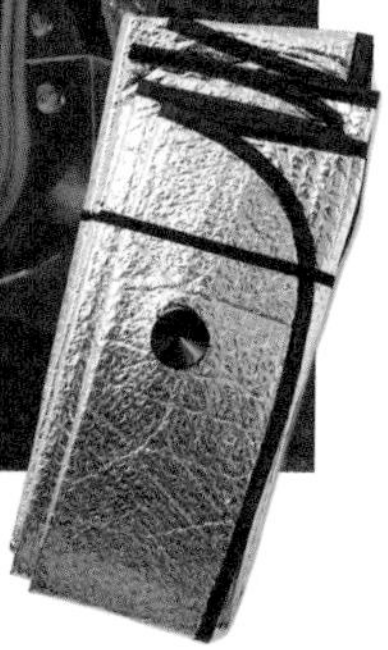

普通車でも少し工夫をすれば快適な居住空間に！ まずは車中泊の三種の神器と呼ばれる「マット、シュラフ、シェード」をそろえるところから始めてみよう

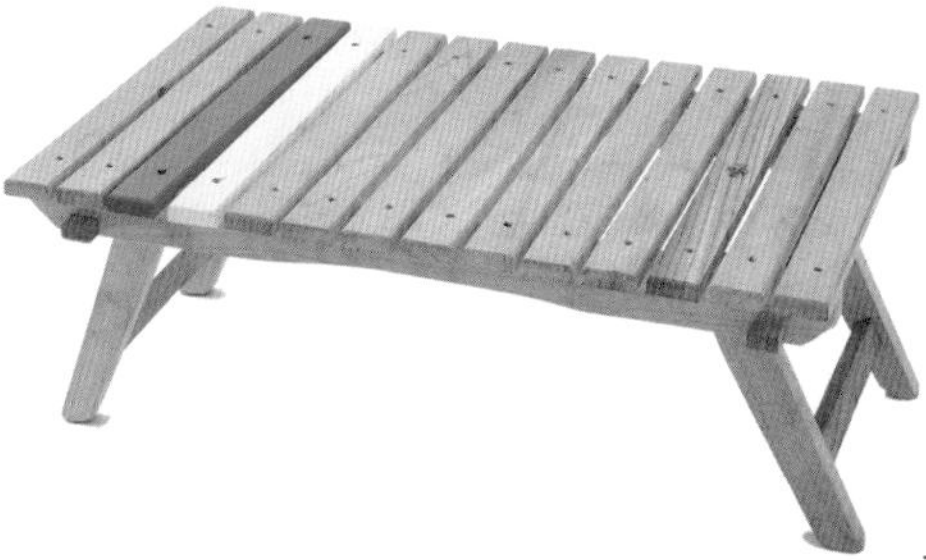

テーブル

小さくてもいいので、テーブルを用意すると◎。買ってきたご飯を食べるときやメイクをするときなど、ちょっとしたスペースに。

断熱シェード

日よけや目隠しになるシェードはマストアイテム。冬場は断熱素材のものがおすすめ。それぞれの車種に合うものが市販されている。

クルマキャンプの便利アイテム

クルマでのソロキャンプは、便利アイテムをたくさん持っていけます。大きな棚やテーブルを積めば、キャンプ場におうちのような快適空間がつくれます。冬にコタツやホットカーペットを持っていき、完全おこもりキャンプをする人も！ でも、ソロキャンプでは運転も設営もひとりで行なうので、あれもこれも持っていくと積み下ろしだけで疲れちゃいます。少しずつ量を増やしながら、自分にちょうどいい道具を選んでくださいね。

ファン

蒸し暑い夏に持っていきたい扇風機。最近はコンパクトなバッテリー内蔵の扇風機もあり、就寝時にテントや車内で空気を循環させるだけでよく眠れる。

ポータブル電源

持ち運び型の大容量バッテリー。電源付きサイトでなくても家電が使用できる。シガーソケットから走行中に充電できるものは、車中泊旅にもおすすめ！（ホンダ／リベイドE500）

プロジェクター

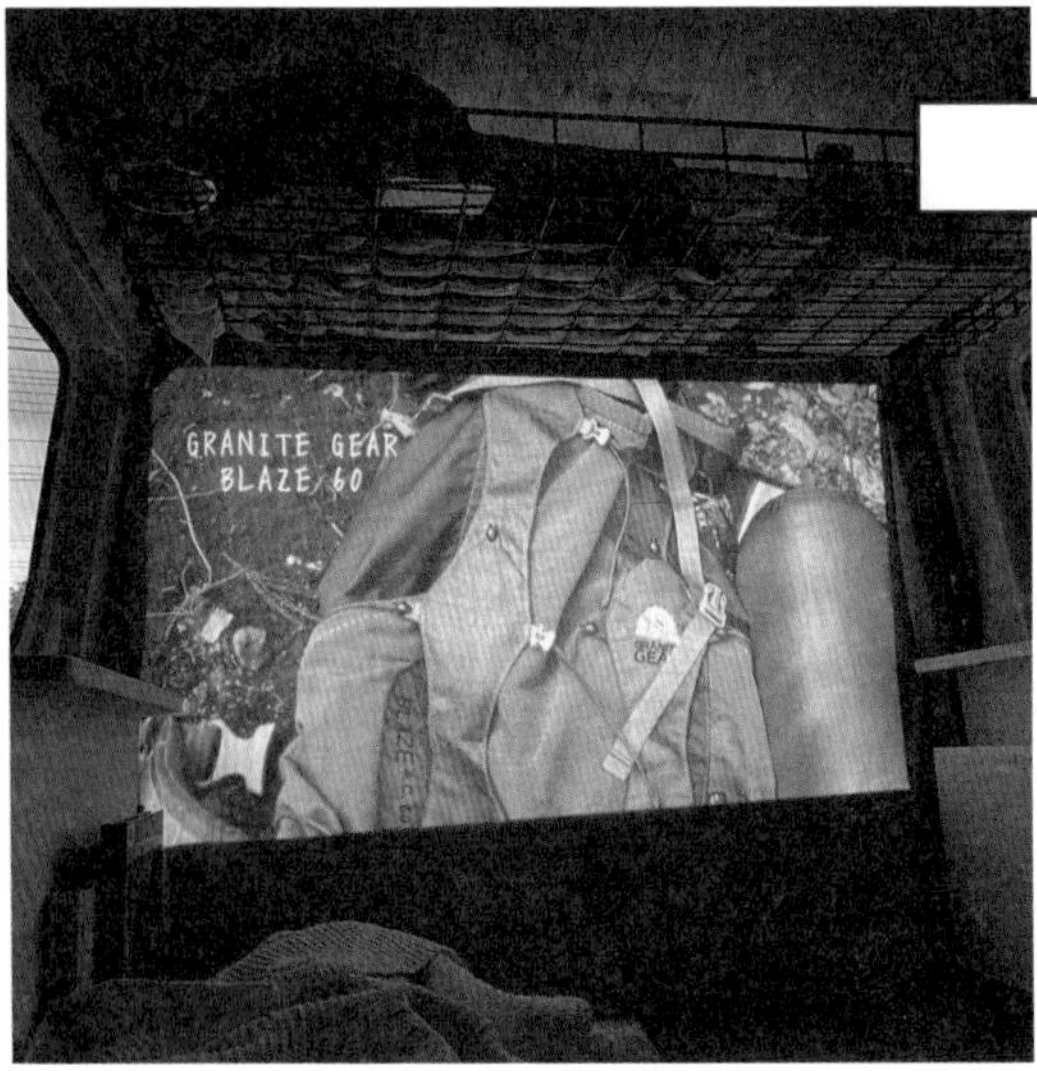

プロジェクターを使えば、テントやタープに投影してアウトドアシネマが楽しめる。ときにはゲーム機をつなぐことも。音や光など周囲のサイトに迷惑がかからないよう注意。（アンカー／Nebula2）

クルマのリアゲートに白いカーテンを吊り下げ、車内でも映画が楽しめるようにしている。即席だけど贅沢なプライベートシアター

石油ストーブ

古風な石油ストーブを使えば、冬キャンプでも十分すぎるほどぬくぬく快適に過ごせる。使用する際は一酸化炭素計を必ず用意して定期的に換気をし、安全に十分注意すること。

電気毛布

寒い冬には、ひざ掛けとして電気毛布を使うのがおすすめ。ブランケットサイズならかさばらずに持ち運びができる。消費電力が少ないのでポータブル電源につないでの使用が可能。

ラック・スタンド

モノが散乱しがちなキャンプだけど、ラックがひとつあればテント内やサイトまわりをきれいな状態に保つことができる。お気に入りのランタンを飾って、おしゃれなサイトづくりもしやすい。（ハイランダー／アイアンウッドラック）

ジャグやクーラーボックス専用のスタンドを使えば、キッチンまわりがスッキリ使いやすくなる

Column 5

いま、キャンプ漫画がおもしろい！

『ゆるキャン△』や『ふたりソロキャンプ』など、キャンプを題材にした漫画が増えてきています。実際のキャンプ場やキャンプ道具などが登場して、初心者から経験者まで楽しめます。そんななかで私がいちばん共感できるのは、Twitterで「ソロキャンプあるある」を公開している、ソリストちゃんの漫画！ここではその一部をご紹介します。

ソロキャンとグルキャンの違い

ソロキャンパーのタイプ

ソリストちゃん

ソロキャンプ3年目、登山2年目。ソロキャンプや登山をネタに漫画やあるあるをTwitterで描いている。
Twitter @camp_soliste

厳選！テーマ別おすすめキャンプ場

これまで私が訪れた全国のキャンプ場のなかから、展望・森林・海辺・湖畔と４つのテーマでセレクトした「森 風美的ベスト！」なサイトを紹介します。

展望キャンプ場

静岡県

富士山を見ながら開放的に過ごせる

ふもとっぱらキャンプ場

その名のとおり富士山の麓にあり、全国でも屈指の敷地面積を誇る、全面フリーサイトのキャンプ場。富士山から昇る朝日を眺める、年越しキャンプも人気。水場が多く、トイレもきれい。

所 静岡県富士宮市麓156
tel 0544-52-2112　営 通年
新東名高速新富士IC、または中央道河口湖ICから約35分
¥ 1000円〜（大人1人1000円＋バイク・自転車1000円、普通車2000円）
url https://fumotoppara.net/

キャンプ場の東に富士山を望み、西側には標高2000ｍ程度の山が連なるロケーション

キャンプも温泉も楽しめる贅沢スポット

山梨県

ほったらかしキャンプ場

富士山を望む絶景と、星空を独り占めできる。ドッグフリーサイトあり。ほったらかし温泉や笛吹川フルーツ公園など、近隣の施設も充実。

所 山梨県山梨市矢坪1669-25
tel 080-9677-1010　営 通年
中央道勝沼ICまたは一宮御坂ICから約25分
¥ 3000円〜（サイト利用料1区画1500円〜＋サイト宿泊料大人1人1500円〜）
url https://hottarakashicamp.com/

星に手が届きそうな天空のキャンプ場

長野県

陣馬形山キャンプ場

標高1445ｍに位置し、中央アルプスが見渡せる絶景キャンプ場。夏には天の川も見える。2021年４月より営業再開、キャンプ有料化予定。アクセスと設備は玄人向け。

所 長野県中川村大草美里 陣馬形山
tel 0265-88-3001　営 通年
中央道松川ICから約50分、または駒ヶ根ICから約60分
¥ 2021年４月から有料化（詳細は問合わせを）
url https://www.go-nagano.net/topics_ detail6/id=587

川に囲まれた自然のなかで季節を感じる

三重県

八風キャンプ場

透明度の高い川に囲まれ、川遊びはもちろん、岩肌を流れる様子を眺めているだけでも癒やされる。春には桜が咲き、秋には紅葉で色づく木々もきれい。

所 三重県三重郡菰野町田光1823
tel 059-396-2788　営 通年
東海環状道東員ICから約20分、または新名神菰野ICから約30分
¥ 3500円〜（サイト利用料1区画3000円〜＋利用料大人1人500円）
url https://happu-camp.com/

神奈川県

温かみのある隠れ家的キャンプ場
TINY CAMP VILLAGE

手ぶらで泊まれるトレーラーハウスがある。七沢温泉は徒歩圏内

森に囲まれた、1日限定5組のプライベート感が魅力。オーナー手作りの施設はおしゃれで温かみがあり、レンタルも充実している。初めてのキャンプにおすすめのキャンプ場。

所 神奈川県厚木市七沢1854
tel 070-3366-7738　営 通年
新東名高速伊勢原大山ICから約15分、または神奈中バス広沢寺温泉入口バス停より徒歩15分
¥ 1500円〜（サイト利用料1区画1500円〜＋車1000円）
url https://www.tiny-camp-village.com/

大阪府

大人のための静かなキャンプ場
杜のテラス

ソロキャンパーの利用も多い。樹木に囲まれ、人目を気にせず過ごせる

「おとなが楽しめる、緑豊かな上質空間」をコンセプトにつくられ、ゆったり静かに過ごせるキャンプ場。おしゃれなグランピングサイトもあり、手ぶらで楽しむこともできる。

所 大阪府豊能郡能勢町山辺
営 水曜・木曜定休
阪神高速池田木部IC第2出口から約30分、または新名神高速川西ICから約25分
¥ 2500円（繁忙期は＋1100円）
url http://mori-no-terrace.com/top/

鹿児島の海を見渡す絶景穴場キャンプ場

神川キャンプ場

鹿児島県

目の前には海が広がり、右手に桜島、左手には薩摩富士とも呼ばれる開聞岳が見渡せる。海に沈む夕日が絶景で、砂浜には影絵アートが施されている。道の駅やコンビニも近く便利。

所 鹿児島県肝属郡錦江町神川3306-11
tel 0994-22-1446（7月、8月のみ）
営 通年（7月、8月以外は自由開放）
東九州道国分ICから約90分、または鹿児島交通バス神川小学校前下車徒歩5分
¥ 650円～（入場料大人1人100円＋テント持ち込み料1張り550円）
url https://www.town.kinko.lg.jp/soshiki/10/1080.html

南国感のあるキャンプサイト。遊歩道を通って磯釣りも楽しめる

きれいな芝生と遠浅の海を眺める島のキャンプ場

屋我地ビーチ

沖縄県

一年中青々とした芝生にテントを張り、沖縄の海を眺めながら島時間を過ごせるキャンプ場。干潮時にはトンボロ現象によって砂の道が現われ、目の前の無人島まで歩いて渡れる。

所 沖縄県名護市字屋我143
tel 0980-52-8123
営 通年営業（不定休）
沖縄道許田ICから約30分、または沖縄バス屋我浜バス停下車徒歩すぐ
¥ 3000円～（サイト利用料1区画2000円～＋宿泊入場料大人1人1000円）
url http://yagaji-beach.com/

遠浅の海はもちろん、とにかく芝生がきれい！ 釣りはできないが海水浴は可

山梨県

稲やかな湖畔で癒やしのソロキャンプ

精進湖キャンピングコテージ

湖越しの子抱き富士が望める。予約不要でソロキャンパーにも人気。近隣の施設でレンタルすれば、ワカサギ釣りやカヤックも楽しめる。

所 山梨県南都留郡富士河口湖町精進495
tel 0555-87-2005
営 キャンプ・グランピングサイトは冬季休業
中央道河口湖ICから約35分、または富士急バス精進キャンプ場バス停下車すぐ
¥ 1000円～（利用料大人1人1000円＋バイク600円、普通車1000円）
url https://shojiko.jp/index.html

山梨県

日本一有名な富士山を眺める

浩庵キャンプ場

本栖湖に面した人気キャンプ場。千円札に描かれた富士山は、まさにこの本栖湖から見た景色。透明度が高く、美しい逆さ富士が見られる。

所 山梨県南巨摩郡身延町中ノ倉2926
tel 0556-38-0117　営 通年
中央道河口湖ICから約25分、または東名高速富士ICから約45分
¥ 1600円～（利用料大人1人600円＋テント設営料1張り1000円＋車1台1000円）
＊予約制導入、料金改訂検討中
url https://kouan-motosuko.com/index.html

滋賀県

琵琶湖沿いの高規格キャンプ場

マイアミ浜オートキャンプ場

全サイトに水道とAC電源が付いていて、寒い時期にも快適にキャンプできる。ソロキャンプにはプライベート感の高いCサイトがおすすめ。

所 滋賀県野洲市吉川3326-1
tel 077-589-5725　営 通年
名神高速栗東ICから約40分
¥ 3050円～（サイト利用料1区画3050円～）
url http://maiami.info/

装幀・本文デザイン　木村由紀（MdN Design）
写真　塚本弦汰、逢坂 聡、見城 了、木村琢也、幸田太郎、森 風美
協力　Webマガジン「カエライフ」 7th E-Life、WILD-1
イラスト　鈴木海太（P043） 森 風美（カバー、P086）
DTP　近藤ヒロシ
校閲　戸羽一郎
編集　岡村朱万里 久田一樹（山と溪谷社）

はじめよう！ ソロキャンプ

2021年2月5日　初版第1刷発行

著　者　森 風美
発行人　川崎深雪
発行所　株式会社山と溪谷社
〒101-0051
東京都千代田区神田神保町1丁目105番地
https://www.yamakei.co.jp/

印刷・製本　株式会社光邦

●乱丁・落丁のお問合せ先
山と溪谷社自動応答サービス　TEL：03-6837-5018
受付時間／10:00～12:00、
13:00～17:30（土日、祝日を除く）

●内容に関するお問合せ先
山と溪谷社　TEL：03-6744-1900（代表）

●書店・取次様からのお問合せ先
山と溪谷社受注センター
TEL：03-6744-1919　FAX：03-6744-1927

ISBN978-4-635-50041-8

森 風美 もり・ふうみ
アウトドア好きな家族の影響で、幼少期からキャンパーとして育ち、年間80泊するほどのキャンプ女子。女性向けアウトドアWEBメディア「なちゅガール」の編集長を務め、女子キャンパーのライフスタイルモデルとしてはもとより、テレビ・雑誌・イベント出演など幅広い分野で活躍中。
公式HP　https://www.morifuumi.com/
Twitter @fu_uyu　Instagram @fu_u.m
YouTube もりふうみチャンネル